JN236898

中学レベルの英単語でネイティブとペラペラ話せる本

ニック・ウィリアムソン
Nic Williamson

ダイヤモンド社

はじめに

　私たちは今とてもおもしろい時代に生きています。何千年もの間、接点がなく別の道を歩んできた人たちが交流できる時代です。飛行機に乗れば数時間でどこにでも行けるため、「世界が狭くなった」と言われていますが、一人の人間として考えればむしろ世界は広くなりました。かつては絶対体験できなかったことが今できるのです。

　このおもしろい時代を100%活かし、自分の「ワールド・シェア」を広げるには、外国語、それも、世界で最も使われている言語である英語を覚えるのが一番効果的でしょう。しかし、どんなことでもそうですが、正しい「方法」と「覚え方」が大切です。

　会話をする場面でどれだけ簡単に考えられるかがこの本のテーマです。ネイティブと同じように英語を意識するためのトレーニングです。不思議なことに、そしてうれしいことに、ネイティブに近い英語のほうが簡単なのです。日本語にこだわってしまう「日本語英語」のほうが難しいのです。学者の論文や専門的な分野などでは難しい単語も使われますが、日常的な会話では中学レベルの単語しか必要ありません。簡単な単語だけでどれだけ言えるかが勝負です。

　ぼくが日本語を覚え始めたときの勉強方法は、みなさんが英語を学習するときと同じように文法中心でした。簡単な文を作るのにもた〜くさんの文法項目を考えていました。ところが、それをやめて「型」や「かたまり」で意識するようになった日からは、いきなりすごく簡単に話せるようになったのです。そのコツをぜひみなさんとも分かち合いたいのです。

　たとえば、「行きたくなければ行かなくてもいいよ」という簡単で日常的な文を作るのに、

　①「行く」の「く」を「き」に置き換えて「たい」を付ける →「行きたい」
　②「行きたい」の「い」をとって「くない」を付ける →「行きたくない」
　③「行きたくない」の「い」をとって「ければ」を付ける →「行きたくなければ」

　そして、
　④「行く」の「く」を「か」に置き換えて「ない」を付ける →「行かない」

⑤「行かない」の「い」をとって「くて」を付ける →「行かなくて」
⑥「行かなくて」に「もいい」を付ける →「行かなくてもいい」

のように、たくさんの文法項目を考えなければならないのです。どんなに頭のいい人でも、そんなことを考えながら会話することはできません。

でも、

～たくなければ　～なくてもいい

と「型」で覚えれば、すごく簡単にいろいろなことが言えるようになります。日本語のネイティブであるみなさんの思考回路に近いのはどっちらでしょう？　やはり「型」のほうですよね？　だれも文法を考えながら話していません。

「～たくなければ」には、「行き」「言い」「飲み」という形の動詞が入ります。「～なくてもいい」には「行か」「言わ」「飲ま」が入ります。これを英語にたとえると、ある言い回しには「原形」が続いて、ある言い回しには「動詞の ing」が続くという考え方になります。「なぜ原形？」「なぜ ing ?」がわからなくても、「これには原形だ」「これには ing だ」と覚えればいいのです。わざわざ難しくするのはやめましょう。

この本では、ネイティブが話している感覚に合わせて英語を分析しています。

Chapter 1 では「短英文」が簡単に作れるコツを覚えます。
Chapter 2 ではその「短英文」に what/where などの疑問詞を付けて名詞節も簡単にできるコツをつかみます。
Chapter 3 では「置き換えの術」を身に付けて、元々知っている文や簡単な短英文をいろんな文にできるコツを学びます。
そして、Chapter 4 では、簡単な文の最後にいろいろと付け加えられる「奇跡の応用法」を覚えます。

この4つのポイントさえ抑えれば、どんな英語でも簡単に言えるようになります。そして、ネイティブと同じ思考回路で、同じ感覚で、英語を意識することができるようになるのです。

2010 年 2 月
ニック・ウィリアムソン

CONTENTS

CHAPTER 1　英語で最も重視されるもの：時制とやさしい単語

❶ 日本語英語から離れる ……………………………… 012
「日本語英語」には2つの特徴がある ……………………… 012
時制の間違いが一番多い …………………………………… 012
難しい単語を使いすぎている ……………………………… 013
単語力を上げる必要はあまりない ………………………… 013
英語と日本語はコミュニケーションの方法が違う ……… 014
日本語は英語ほど時制にこだわらない …………………… 015
英語は日本語ほど単語の使い分けにこだわらない ……… 017
nowは「比較している」ときに使う ……………………… 018
「ever=今まで」ではない …………………………………… 019
alwaysはいつも「いつも」ではない ……………………… 022

❷ 4つの時制 ……………………………………………… 024
時制さえ合っていれば、あとはアバウトな感じで！ …… 024
基礎的な時制はたったの4つ ……………………………… 024
現在形 ………………………………………………………… 025
進行形 ………………………………………………………… 029
過去形 ………………………………………………………… 031
未来形 ………………………………………………………… 032

　　［表現パターン］
　　パターン1〈現在形／肯定文〉 …………………………… 036

パターン2〈現在形／否定文〉・・・・・・・・・・・・・・・・・・・・・・・・・・・・ 036
パターン3〈現在形／疑問文〉・・・・・・・・・・・・・・・・・・・・・・・・・・・・ 038
パターン4〈進行形／肯定文〉・・・・・・・・・・・・・・・・・・・・・・・・・・・・ 040
パターン5〈進行形／否定文〉・・・・・・・・・・・・・・・・・・・・・・・・・・・・ 040
パターン6〈進行形／疑問文〉・・・・・・・・・・・・・・・・・・・・・・・・・・・・ 042
パターン7〈過去形／肯定文〉・・・・・・・・・・・・・・・・・・・・・・・・・・・・ 044
パターン8〈過去形／否定文〉・・・・・・・・・・・・・・・・・・・・・・・・・・・・ 044
パターン9〈過去形／疑問文〉・・・・・・・・・・・・・・・・・・・・・・・・・・・・ 046
パターン10〈未来形／肯定文〉・・・・・・・・・・・・・・・・・・・・・・・・・・・ 048
パターン11〈未来形／否定文〉・・・・・・・・・・・・・・・・・・・・・・・・・・・ 048
パターン12〈未来形／疑問文〉・・・・・・・・・・・・・・・・・・・・・・・・・・・ 050

❸ 少し複雑な文を作る ・・・・・・・・・・・・・・・・・・・・・・ 052

文頭に2〜3語付け足すだけ ・・・・・・・・・・・・・・・・・・・・・・・・・・ 052

[表現パターン]
パターン13〈I'm glad+文〉・・・・・・・・・・・・・・・・・・・・・・・・・・・・ 056
パターン14〈It's too bad+文〉・・・・・・・・・・・・・・・・・・・・・・・・・・ 056
パターン15〈I can't believe+文〉・・・・・・・・・・・・・・・・・・・・・・・・ 058
パターン16〈I'm worried+文〉・・・・・・・・・・・・・・・・・・・・・・・・・・ 058
パターン17〈It's not like+文〉・・・・・・・・・・・・・・・・・・・・・・・・・・ 060
パターン18〈No wonder+文〉・・・・・・・・・・・・・・・・・・・・・・・・・・ 060
パターン19〈There's no way+文〉・・・・・・・・・・・・・・・・・・・・・・・ 062

未来のことを現在形で表す ・・・・・・・・・・・・・・・・・・・・・・・・・・ 064

[表現パターン]
パターン20〈I hope+文〉・・・・・・・・・・・・・・・・・・・・・・・・・・・・・ 068
パターン21〈What if+文〉・・・・・・・・・・・・・・・・・・・・・・・・・・・・ 068

COLUMN 疑問文だけど疑問文の形をとらない文 ・・・・・・・・・・・・・・・ 070

CHAPTER 2 WH名詞節で表現の幅を広げる

❶ 簡単で英語らしいWH名詞節 ・・・・・・・・・・・・・・・ 072

WH名詞節とは ・・・・・・・・・・・・・・・・・・・・・・・・・・・・・・・・・・ 072
めちゃくちゃ使われるWH名詞節 ・・・・・・・・・・・・・・・・・・ 077
名詞節はむしろ英語を簡単にしてくれる ・・・・・・・・・・・・ 077
疑問詞を使うけど疑問文ではない ・・・・・・・・・・・・・・・・・・ 080

❷ ちょっとの工夫でさらに応用 ・・・・・・・・・・・・・・・・・ 082

時制の意識が大切 ・・・・・・・・・・・・・・・・・・・・・・・・・・・・・・・ 082
最後に前置詞が付く用法 ・・・・・・・・・・・・・・・・・・・・・・・・・ 083
toを使った超簡単なタイプ ・・・・・・・・・・・・・・・・・・・・・・・ 084
if節で「〜かどうか」を表す ・・・・・・・・・・・・・・・・・・・・・・・ 086

[表現パターン]

パターン22〈That's+WH名詞節〉 ・・・・・・・・・・・・・・・ 088
パターン23〈That's not+WH名詞節〉 ・・・・・・・・・・・ 090
パターン24〈Is that+WH名詞節?〉 ・・・・・・・・・・・・・ 092
パターン25〈tell+人+WH名詞節〉 ・・・・・・・・・・・・・・ 094
パターン26〈ask+人+WH名詞節〉 ・・・・・・・・・・・・・・ 096
パターン27〈Guess+WH名詞節〉 ・・・・・・・・・・・・・・・ 098
パターン28〈I wonder+WH名詞節〉 ・・・・・・・・・・・・ 100
パターン29〈know+WH名詞節〉 ・・・・・・・・・・・・・・・ 102
パターン30〈remember+WH名詞節〉 ・・・・・・・・・・ 104
パターン31〈find out+WH名詞節〉 ・・・・・・・・・・・・・ 106
パターン32〈figure out+WH名詞節〉 ・・・・・・・・・・・ 108
パターン33〈It depends on+WH名詞節〉 ・・・・・・・ 110
パターン34〈think about+WH名詞節〉 ・・・・・・・・・ 112

COLUMN 関係代名詞 ・・・・・・・・・・・・・・・・・・・・・・・・・・ 114

CHAPTER 3 置き換えの術

❶ 1語置き換えるだけで新しい文を作る ・・・・・・・ 118

「置き換え頭」になる ・・・・・・・・・・・・・・・・・ 118
形容詞を置き換える ・・・・・・・・・・・・・・・・・ 118
置き換えないともったいない ・・・・・・・・・・・・・ 120
ネイティブの言い回しをひとつ覚えて置き換える ・・・・・ 122
名詞を置き換える ・・・・・・・・・・・・・・・・・・ 125
動詞を置き換える ・・・・・・・・・・・・・・・・・・ 126

❷ スーパー便利な3ステップ ・・・・・・・・・・・・ 128

究極の置き換えワザ ・・・・・・・・・・・・・・・・・ 128

◎ [表現パターン]

パターン35〈I like+名詞〉・・・・・・・・・・・・・・ 136
パターン36〈I don't like+名詞〉・・・・・・・・・・・ 136
パターン37〈I don't mind+名詞〉・・・・・・・・・・ 138
パターン38〈I can't stand+名詞〉・・・・・・・・・・ 138
パターン39〈I'm looking forward to+名詞〉・・・・・ 140
パターン40〈I regret+名詞〉・・・・・・・・・・・・ 140
パターン41〈I'm used to+名詞〉・・・・・・・・・・・ 142
パターン42〈I'm sick of+名詞〉・・・・・・・・・・・ 142
パターン43〈I can't imagine+名詞〉・・・・・・・・・ 144
パターン44〈What happened to+名詞?〉・・・・・・・ 144
パターン45〈What's wrong with+名詞?〉・・・・・・・ 146

CHAPTER 4　奇跡の応用法

❶ 複雑な文を一気にシンプルにする方法 ······· 150
修飾語を1語付けるだけ ················ 150
文＋形容詞 ······················ 150
文に続けられるのは副詞だけじゃない ·········· 152

COLUMN 形容詞なの？　過去分詞なの？ ·········· 155

❷ 長い文もこわくない ·················· 156
文＋with名詞 ····················· 156
文＋動詞のing形 ··················· 158
会話のキャッチボールに使える ············· 160
これでいくらでも長い文も言える ············· 162

　[表現パターン]
　　パターン46〈I went to bed...〉 ············ 168
　　パターン47〈I woke up...〉 ············· 168
　　パターン48〈You look good...〉 ············ 170
　　パターン49〈Come.../Don't come...など〉 ······· 170
　　パターン50〈I can't work...〉 ············ 172
　　パターン51〈I saw him.../I've never seen him...など〉 ··· 172
　　パターン52〈I was born...〉 ············ 174
　　パターン53〈けがなど〉 ··············· 174
　　パターン54〈Good luck with＋名詞／Good luck ...ing〉 ···· 176
　　パターン55〈I'm lucky with＋名詞／I'm lucky ...ing〉 ···· 176
　　パターン56〈I have no luck with＋名詞／I have no luck ...ing〉 ·· 178

INDEX ························ 180

CDの使い方

　付属のCDには表現パターン1〜56の例文が、1文ごとに次の形で収録されています。

$$\boxed{英語} \rightarrow \boxed{日本語} \rightarrow \boxed{ポーズ}$$

　英語を聞き、日本語で意味を確認してから、ポーズの間にその英文を言ってみましょう。英語をオウム返しに繰り返すのではなく、日本語を聞いているときには英文を頭に「保持」します。これにより、記憶定着度が高まります。
　最初はテキストを見ながら、次第に慣れてきたら、テキストを見ないで練習してください。

CD 12

　表現パターンの左上についているCDマークには収録トラックが表示されています。たとえば、上のマークはCDのTrack 12に収録されていることを意味します。

CHAPTER 1
英語で最も重視されるもの：
時制とやさしい単語

CHAPTER 1
英語で最も重視されるもの：時制とやさしい単語

❶ 日本語英語から離れる

「日本語英語」には2つの特徴がある

　ぼくは10年以上日本で英語を教えていますが、その中でいろんな間違いを聞いてきました。特に目立つ間違いのタイプが次の2点です。
- 時制を間違える
- 必要以上に難しい単語を使う

時制の間違いが一番多い

　最も目立つのが「取り合えず現在形で言う」ために起きる間違いです。
　現在形には「普段のこと」「習慣」「一般的なこと」といった意味が含まれています。**現在形を使うと「いつもやっている」という意味になる**ので、「取り合えず現在形」では通用しないことも多々あります。
　たとえば、日本語には動詞の未来形が存在しませんが、英語を話すときも未来形を使わなかったりなど、時制を無視してしまう傾向があります。

難しい単語を使いすぎている

　これは間違いとは言えませんが、**難しい単語を使いすぎている人が多い**ですね。ネイティブなら中学レベルの英単語しか使わない文に、必要以上に難しい単語を使おうとします。

　英語には本当に多くの単語が存在します。最も単語数が多い言語だとも言われています。しかし、学問や特別な分野でしか使わないものも多く、日常的な会話に出てくる単語は非常にかぎられています。そう考えると、一気に楽になっちゃいますね！

　「難しい単語でもいいじゃないか？」と思うかもしれません。

　しかし、生まれたときからずっと、ある場面で使われる特定の言い方を聞いてきたネイティブには、聞いたことのない（それも難しい）表現を耳にしてもピンときません。難しい単語を使ったほうが上手な英語に聞こえるのかなと思っている人もいるかもしれませんが、それもないのです。

　単語が簡単か難しいかというよりは、表現が**自然か不自然かが問題なのです**。

単語力を上げる必要はあまりない

　「必要以上に難しい単語を使う」といった問題は、考えてみれば問題ではありませんね。逆の見方をすれば、**単語力を一生懸命上げる必要はない**ということなので、その分、気持ちが楽になるはず！

　もちろん、ビジネス英語やニュースの英語では難しい単語も使い

ますが、カジュアルな場面でそういう単語を使うと、聞いている人たちがひいてしまいます。

　何語でもそうですが、**日常会話からマスターしてから難しい単語を少しずつ覚えていく**とネイティブっぽくなります。しかし、日本の大学の入学試験などに出題される長文はすべて学者の論文からとっていて、さらに、6割の人を落とすための試験なので非常に難しく、必要以上に細か〜いところに焦点を当てています。日常的な英語とはほぼ関係がありません。

英語と日本語はコミュニケーションの方法が違う

　日本語と英語は重視しているところが違うのです。
　日本語は「単語の使い分け」を、英語は「時制の使い分け」を重視します。
　日本語は単語の使い分けでコミュニケーションをとりますが、**英語の場合は時制の区別にコミュニケーションがあります。**
　時制を「取り合えずこうしなきゃいけない」文法のルールとしてではなく、コミュニケーションのツールとして意識しましょう。時制の使い分けこそが英語上達のカギなのです。
　これを理解した上で英語に取り組めば、ずっと楽になります。

　単語の使い分けが細かい**日本語の感覚で英語を考えるから、英語でも必要以上に難しい単語を考えようとしてしまうのです。**
　たとえば、「『通う』って何と言うんだろう?」「『向かう』って何と言うんだろう?」などと頭を悩ませたことがあるかもしれませ

んが、英語では go で十分、なおかつ、自然なのです。

また、時制の使い分けをあまり重視しない日本語の感覚で、英語の**時制を重視しないと別の意味になってしまって**話が混乱します。たとえば、普段のことを表す現在形を「取り合えず」使うと、now を付けたとしても、「今現在」ではなく、「普段」の意味を表す文になってしまいます。

日本語は英語ほど時制にこだわらない

日本語では、「普段、何をしていますか？」も、「今、何をしていますか？」も、「明日は何をしていますか？」も、全部同じ「何をしていますか？」を使っています。いわゆる「時制」を表す部分はまったく変わりません。**「普段」「今」「明日」と「単語の使い分け」で区別しているのです。**

「そんなの当たり前じゃん！」と思うかもしれませんが、それは日本語のネイティブだからなのです。日本語では実際当たり前のことです。

しかし、英語は逆です。「普段」や「今」の単語は使わず、次のように、**時制の使い分けで区別します。**

What do you do?
「普段、何をしていますか？」

What are you doing?

「今、何をしていますか?」

　これが、時制の区別でコミュニケーションをするということです。

　他にも、「私が違うと言っているのに怒られた」という文では過去のことなのに「言っている」と現在進行形になっていたり、「昨日のパーティーに来ないなんて信じられない」も昨日のことなのに「来ないなんて」と現在形になっていたりなど、時制があいまいな日本語はけっこうあります。

日本語は「単語」を重視します。

英語は「時制」を重視します。

日本語は「単語の使い分け」でコミュニケーションしています。

英語は「時制の使い分け」でコミュニケーションしています。

英語は日本語ほど単語の使い分けにこだわらない

日常的に使う単語で言えば、**日本語のほうが色々な使い分けをします**。

たとえば、「通う」「向かう」「行く」「通勤する」「通学する」を、英語ではすべて go で表します。これだけを見て、「英語は雑だ」と言う人も多いのですが、英語では違うもの（時制）で区別しています。

I go to the gym.
「ジムに通っています」

I'm going to the gym.
「今、ジムに向かっています」

I go to the gym. は「普段のこと、習慣」を表す現在形なので、「通っています」という日本語になります。

I'm going to the gym. は「今している最中のこと」を表す進行形なので、日本語では「今、向かっています」となります。

同じ go を使っていても**「時制の使い分け」で意味を区別している**ので「雑」なのではありません。

逆に、「通う」と「向かう」で区別している日本語は、どちらも「…っています」と語尾で時制を区別してはいません。

何を使って区別するか、どこを重視するかといったコミュニケーションの方法が、英語と日本語では違うのです。

これを理解した上で英語を習えば、一気に簡単にもなりますし、ずっと自然な英語が身につきます！

now は「比較している」ときに使う

　「今のこと」を表したいときは、now を付けるのではなく、進行形にするのが一般的です。now を付けるのは、「前と比較している」ときです。
　たとえば、「2時間前に聞いたときはまだ働いていたけど、今は何しているの？」は、

What are you doing now?

と言います。また、「最近は忙しい」と言っている人に対して、

Are you busy now?
「（最近忙しいって言ってるけど）今はどうなの？」

と聞くといった具合です。
　「今、何をしているの？」と言いたくて、取り合えず現在形に now を付ければいいと思っている人も多いですが、**現在形は「普段のこと」を表す時制なので**、now を付けても「今」という意味にはなりません。

What do you do?
「普段、何をしているのですか」

と職業を尋ねる現在形の文に、

What do you do now?

と now を付けると、「今、何をしているの?」ではなく、「(前は学生だったけど)今は普段何しているの?」という意味になります。
　やはりここでも、now という単語よりも現在形という**時制が重視される**のがわかりますね。

「ever ＝今まで」ではない

「ever は『今まで』という意味だ」というのが日本では常識となっているようですが、それは間違いです。**ever は「少しでも」「一回でも」「たまにでも」という強調**に過ぎないのです。
　まずは、

Have you ever been to NY?
「今までにニューヨークに行ったことある?」

という文を見てみましょう。
「今まで」という意味になるのは完了形だからなのです。ever

がなくても、この文は「今まで」といったニュアンスを表します。この ever は「一回でも」という強調に過ぎません。

　完了形だから「今まで」、ever は「一回でも」といった強調です。

　次は**現在形に** ever を付けてみましょう。

Do you ever go to Ginza?
「銀座に行ったりする？」

　ever があるので「今まで行ったことある？」という意味だと誤解する人がほとんどです。
　しかし本当は、**現在形なので「行ったりする？」「行くことある？」**と「普段」のことを尋ねる疑問文。この ever は「たまにでも」というニュアンスです。
　この文の場合は ever があるかないかで少しだけ意味が異なります。ぼくは年に1度くらいしか銀座に行きません（特に理由はありませんけど）。年に1度しか行かないので、

Do you go to Ginza?
「普段、銀座に行く？」

　と聞かれたら、おそらく No. と答えます。**現在形は「普段の習慣」**を表すからです。でも、ever を足して、

Do you ever go to Ginza?

と聞かれたら、Yes. と答えます。「たまにでも」というニュアンスが加わるからです。

現在形だから「普段」、ever で「たまにでも」と付け加えています。

次は、**未来形に ever** を付けましょう。

Are you ever going to clean the house?
「いずれ、家の掃除をする予定はある?」

未来形にも ever を付けられるのですから、やはり ever は「今まで」という意味ではないことが明らかですよね。

Are you going to clean the house?
「家の掃除をするの?」

は単なる未来形なので「これから」のことを表します。
　これに **ever を付けると「いつか〜するの?」「いずれ〜するつもりはある?」という強調**になります。「いつになったらするの?」という嫌味っぽい言い方としてもよく使われます。
　未来形だから「これから」、ever で「いずれ」と強調しています。

なぜこんなに大きな誤解があるのでしょう?

それはやはり、**日本語の感覚で英語を分析しようとしているから**です。

日本語の場合は「時制」を重視せずに「単語」を重視するので、英語を分析しようとするときも「時制」よりも「単語」を見てしまいます。その結果、単語である ever に「今まで」の意味が入っていると誤解してしまったのでしょう。実際には、上で説明したように、「今まで」の意味合いを出しているのは、現在完了形という時制なのです。

always はいつも「いつも」ではない

always が「いつも」と訳されるのは「いつものこと」を表す現在形の場合のみです。

always はどちらかと言えば「ずっと」という意味です。

I go shopping in Shibuya.

と現在形で言うと「普段は渋谷で買い物します」ですが、これに、

I always go shopping in Shibuya.

と always を付ければ「買い物はいつも渋谷です」という意味になります。

「普段（現在形）」+「ずっと（always）」=「いつも」という感覚です。

では、「今まで」を表す**完了形に** always を付けてみましょう。

I've always lived in Tokyo.
「今までずっと東京に住んでいます」

「今まで」を表す完了形に always（ずっと）を付けると、「今までずっと」という意味になります。

「今まで（完了形）」+「ずっと（always）」=「今までずっと」という感覚です。

次は、**未来形に** always を付けてみましょう。昔はやったあの曲の一節です。

I will always love you.
「これからずっと愛します」

未来形「これから」に always（ずっと）を付けると、「これからずっと」**という意味**になります。

「これから（未来形）」+「ずっと（always）」=「これからずっと」という感覚です。

❷ 4つの時制

時制さえ合っていれば、あとはアバウトな感じで！

　日本人の英語で一番間違っているのは時制です。
　逆に言えば、**時制さえ直せば英語力がドンと上がります！**
　時制さえ合っていれば、あとは go などの中学レベルの単語をアバウトに使えば、立派な英語になります。そして、日本語の細かいニュアンスにこだわらないことが大事です。日本語と英語はまったく違う言語なので、**日本語にこだわればこだわるほど英語らしい英語から離れていきます。**

基礎的な時制はたったの4つ

　基本的には、次の4つの時制を区別できれば十分です。

現在形	普段のこと、いつものこと、一般的なこと
進行形	今のこと、一時的なこと
過去形	過去のこと
未来形	未来のこと

　他に、完了形もありますが、過去形と完了形の使い分けをしないネイティブも多く、だいたいの場合は全部過去形で大丈夫です。
　「取り合えずのルール」としてではなく、**時制でコミュニケーションをする**つもりで使い分けましょう。また、文法というよりは、「表現パターン」として暗記する感覚で学習すると、英語らしい英語が身につきますよ！

> **現在形**

★「普段のこと、一般的なこと、習慣」を表す

　「現在形」という名前に惑わされて「今現在のこと」だと誤解しがちですが、**現在形は「よくすること」、「〜したりすること」、「習慣」**を表します。

　現在形にするだけでいろいろとコミュニケーションができます。いくつか例を見てみましょう。

「そういうことはよくあるよ」は、

It happens.

と言います。It（それ）とhappen（起こる）と2つの単語しかありませんが、**現在形なので「よく起こる」という意味**になります。人を慰めるときなど実際によく使うフレーズです。

「車は何に乗っているの?」は、

What do you drive?

です。do you が**現在形なので**、what（何）とdrive（運転する）で、**「いつも（普段は）何に乗っているの?」という意味**になります。

答えるときは、

I drive a Toyota.
「トヨタに乗っています」

のようになります。

★否定文は「絶対〜しない」の意味
　現在形の否定文は、「私は〜をしない」と言い切っている感じがあります。

I don't drink.

は現在形で、「私は（まったく）お酒を飲まない」と言い切っています。

「車の免許を持ってない」は、

I don't drive.

「私は絶対に踊らない」は、

I don't dance.

だけで表現できます。

英語では「しない」と「できない」をあまり区別しません。 たとえば、

I can't speak English.
I don't speak English.

はどちらも同じ「私は英語が話せない」という意味です。

同様に、上の I don't drive. は「運転できない」、I don't dance. は「踊れない」となります。

★ -s が付く場合がある

現在形のちょっと面倒くさいところは、主語によって動詞に -s が付くことです。こんな文法がなければいいのにとぼくも思いますが、-s を付け忘れると違和感が大きいので、できるだけ間違いのないようにしましょう。-s が必要かどうかの理屈は**「単数の三人称の現在形なら s を付ける」**ということです。

ただ、しゃべりながら「He は単数で三人称だから -s が付く」と考える余裕はないので、主語が**「He / She / It / 名前」の場合は -s を付けると覚えておきましょう。**

たとえば、

I work.
「私は仕事に就いています」

He works.
「彼は仕事に就いています」

I don't work.
「私は無職です」

He doesn't work.
「彼は無職です」

Do you work?
「あなたは仕事を持ってますか?」

Does he work?
「彼は仕事を持ってますか?」

という感じです。

進行形

今現在のことを言うときは、進行形を使います。**「〜している最中だ」**、もしくは、「一時的に〜している」といった意味を表します。

I live with my parents.
「実家に住んでいます」

は現在形なのでずっと実家に住んでいる感じですが、

I'm living with my parents.

と進行形にすれば、「一時的に実家に帰ってきている」という意味です。

たとえば、旦那さんとけんかしたとか、留学前に借りていたマンションはすでに引き払っていて、一時的に実家に帰ってきているとかいった場合です。

「ずっと実家だったけど近いうちに出て行くつもりだ」と言いたいときにも進行形を使います。

また、お酒を勧められたときに、

I'm driving.
「今日は車だから」

と断ることも多いですね。今現在運転している最中ではありませんが、I'm driving. と進行形を使います。車でここまで来て、車で帰るので、**「最中」的なニュアンス**です。

　進行形は be 動詞を使います。be 動詞は主語によって am / is / are と形が変わりますね。受験英語では、「単数の三人称なら is だ」と理屈で教わります。しかし、実際の会話で「He は単数だし三人称なので is だ」と考えている暇はありませんし、「He ならいつでも is」のように決まっているので、**グループ化して暗記する**のが効果的です。

I'm（アイム）

He's（ヒズ）

She's（シズ）

It's（イッツ）

You're（ヨー）

We're（ウェー）

They're（ゼー）

をそれぞれ1つの単語として覚えておきましょう。

ただし、ここでひとつ注意点があります。

You are（ユーアー）を短縮した形のYou'reは、書くときだけの短縮形ではなくて、元々発音の短縮形です。

なのに、日本の英語教育ではそのまま「ユーアー」と読ませています。その結果、「ヨー」と言われると聞き取れません。

「言われていることが聞き取れない」という悩みを持っている人はすごく多いのですが、それは耳が悪いわけではなくて、**短縮された発音をだれにも教えてもらったことがないから**なのです。

過去形

イギリス英語だと現在完了形と過去形の区別が大切ですが、アメリカ英語ではほとんど使い分けていません。もちろん現在完了形も使われていますが、**過去形でも大丈夫**なのです。

Have you ever been to New York?

「ニューヨークに行ったことはありますか？」

の代わりに、

Did you ever go to New York?

も使えます。現在完了形には過去分詞を使わなければなりませ

んが、疑問文の場合、過去形なら動詞の原形でいいのです。
　動詞の活用（go → went など）は肯定文にしか使わず、**否定文や疑問文は動詞は原形**です。
　また、過去形は**どんな主語でも形が変わりません**。he でも I でも you でも、現在形の -s をつけるような活用はありません。ここも完了形より簡単なところです。

未来形

　未来のことを言うときには、いつでも will を使っていませんか？
英語には未来形が3つあります。それぞれ使い分けが必要で、いつでも will を使っていいわけではありません。

will	今決めたこと	「じゃあ〜する」
	まだ決まっていないこと	maybe、probably などと一緒に使う
進行形	すでに決まっていること	「〜するんだぁ」「〜するんだけど」
be going to	いつでも使っていい唯一の未来形	

　will と be going to の使い分けについて、いろんな**英語本や文法書に間違っている解説が載っています。**
　よくあるのが「will には意思がある」という間違った解釈です。

大昔の英語では will は「意思がある」という意味で使っていて、逆に未来形ではなかったのですが、現代の英語では「意志がある」というわけではなく、単に未来のことを表します。

will はよく、

I think it will rain.
「雨が降ると思う」

のように使われます。当然、雨には意思がありませんので、**「will には意思がある」とは決して言えません**。

また「近い未来なら進行形でもよい」も間違った説明です。

50年後のことでも、**すでに決まっていることなら進行形**にしますし、逆に、近い未来のことでも、まだ決まっていないことであれば進行形にはしません。

英語には、「近い未来」「遠い未来」という感覚の違いはまったくありません。近い未来のほうが決まっていることが多いので、そう誤解するだけなのです。

That movie is coming out next year.
「その映画が来年上映される」

と言います。来年は決して「近い未来」ではありませんが、上映されることがすでに決まっているので進行形にします。

逆に、

I'll call you later.
「後で電話するよ」

と言う場合は、その日のうちを表す later があっても、今決めたことなので進行形は使いません。

いつでも will を使っていると、半分くらい間違いになってしまいます。

この will と進行形の使い分けは面倒で、特に会話しながらそこまで考える余裕もないはず。それに対して、**be going to はいつでも使える未来形**です。「今決めたこと」でも、「すでに決まっていること」でも、「まだ決まってないこと」でも、「〜するつもり」でも、「〜しそう」でも、全部 be going to でいいのです。

That movie is going to come out next year.
「その映画が来年上映される」

I'm going to call you later.
「あとで電話するよ」

どちらも正しい英語です。

be going to を使えば日本語の細かいニュアンスの違いを意識する必要はありません。

とにかく未来のことなら be going to で言いましょう。be

going to さまさま〜!!

　発音についてひとつ注意点があります。書くときは I'm going to... としたほうが絶対にいいのですが、**話すときは I'm gonna...（アムガナ）という発音**になります。
　この省略した発音は「アメリカ人の若者しか使ってない」とよく誤解されますが、実際にはアメリカ人もイギリス人も男性でも女性でも、若い人でもお年寄りでも、みんな使っています。I'm gonna は元々イギリスから生まれたもので、BBC のジャーナリストが大統領や総理大臣にインタビューするときにも使っています。イギリスの映画やテレビ番組を1本でも見ればこれが本当であることをすぐにわかります。

表現パターン
パターン1〈現在形／肯定文〉

1. I work in Roppongi.
2. I finish work at 8.
3. I go surfing on Saturday.
4. I go out in Shinjuku.
5. We meet twice a month.
6. He smokes.
7. It happens.
8. It rains a lot in June.

表現パターン
パターン2〈現在形／否定文〉

1. I don't watch TV.
2. I don't do overtime.
3. I don't cook.
4. I don't drink.
5. They don't ski.
6. He doesn't listen to me.
7. She doesn't wear make-up.
8. It doesn't happen often.

1 六本木で働いているんだ。
2 仕事はたいてい8時に終わるんだ。
3 毎週土曜日はサーフィンしているよ。
4 遊びに行くのはたいてい新宿だよ。
5 私たちは月2回くらい会ってるよ。
6 彼はタバコを吸うんだ。
7 そういうこともよくあるよ。
8 6月は雨がたくさん降ります。

1 私はテレビを見ません。
2 私はほとんど残業しません。
3 私は全然料理しません。
4 私はお酒を飲みません。
5 彼らはスキーができません。
6 彼は全然私の言うことを聞きません。
7 彼女はいつもすっぴんです。
8 それはめったにあることではありません。

表現パターン
パターン3〈現在形／疑問文〉

1. Do you drive?
2. Do you exercise?
3. Do you play tennis?
4. Do you like coffee?
5. Do they speak Japanese?
6. Does he clean the house?
7. Does she live alone?
8. Does it snow in Australia?

9. What do you do?
10. Where do you go out?
11. What time do you finish work?
12. How often do you eat out?
13. Where do they live?
14. Where does she work?
15. What does he drive?
16. How often does it happen?

1. 運転できる？
2. 何か運動はやってる？
3. テニスできる？
4. コーヒーは好き？
5. 彼らは日本語を話せるの？
6. 彼は家の掃除をする？
7. 彼女は1人暮らしなの？
8. オーストラリアでは雪が降るの？

9. 仕事は何をしてるの？
10. いつもどこで遊んでいるの？
11. 仕事はいつも何時に終わるの？
12. どれくらいよく外食するの？（頻度）
13. 彼らはどこに住んでいるの？
14. 彼女はどこで働いているの？
15. 彼はどんな車に乗っているの？
16. そういうことはどれくらいよくあるの？（頻度）

表現パターン
パターン4〈進行形／肯定文〉

1. I'm working.
2. I'm having dinner.
3. I'm looking for a job.
4. I'm working on it.
5. They're going out.
6. She's wearing lots of make-up.
7. He's avoiding me.
8. It's raining.

表現パターン
パターン5〈進行形／否定文〉

1. I'm not working today.
2. I'm not wearing make-up.
3. I'm not talking about that.
4. I'm not drinking tonight.
5. You're not trying hard enough.
6. We're not speaking.
7. He's not returning my calls.
8. The elevator isn't working.

1. 今、仕事中です。
2. 今、食事中です。
3. 今、就職活動をしています。
4. 今、（その作業を）やってるところです。
5. 彼らは付き合っています。
6. 彼女は今日厚化粧だね。
7. ここのところ、彼は私のことを避けてるの。
8. 今、雨が降っています。

1. 今日は休みです。
2. 今はすっぴんです。
3. その話はしてませんよ。
4. 今夜はお酒を飲んでいません。
5. ここのところ、君のがんばりが足りません。
6. 私たちは今、口を利いてないんです。
7. 最近、彼は私からの電話を返してくれないんです。
8. エレベーターは故障中ですよ。

表現パターン
パターン6〈進行形／疑問文〉

1. Are you wearing contacts?
2. Are you seeing anyone?
3. Are you kidding?
4. Are you talking about me?
5. Is he working?
6. Are they getting along?
7. Is she fitting in OK?
8. Is it snowing?

9. What are you doing?
10. What are you talking about?
11. Where are you having dinner?
12. What are you drinking?
13. Who is she going out with?
14. What am I thinking?!
15. Where is he waiting for you?
16. Why is this happening?!

1 今、コンタクトしているの？
2 最近付き合っている人はいるの？
3 それ、冗談でしょう？
4 それって私のことを言っているの？
5 今、彼は仕事中なの？
6 彼らは仲良くやっているの？
7 彼女はうまく溶け込んでいるの？
8 今、雪降っているの？

9 今、何しているの？
10 何言ってんの？
11 今、どこで食事しているの？
12 それ、何を飲んでいるの？
13 彼女はだれと付き合っているの？
14 俺、何考えてんだ？
15 彼は今、どこであなたを待っているの？
16 なんでこんなことになっているの？

表現パターン
パターン7〈過去形／肯定文〉

1. I went to bed late.
2. I ate out last night.
3. I went shopping yesterday.
4. I got up at 8.
5. We broke up.
6. They got married.
7. He moved to Osaka.
8. She lived in New York.

表現パターン
パターン8〈過去形／否定文〉

1. I didn't know that.
2. I didn't go home last night.
3. I didn't go out last night.
4. I didn't fill the quota.
5. They didn't make the deadline.
6. We didn't get along before.
7. She didn't make the last train.
8. It didn't snow.

1. 寝たのが遅かったんだ。
2. 昨日の夜は外食したんだ。
3. 昨日は買い物に行ったんだよ。
4. 8時に起きたよ。
5. 私たちは別れたの。
6. あの2人が結婚したよ。
7. 彼は大阪に引っ越したんだ。
8. 彼女は以前、ニューヨークに住んでいたんだよ。

1. それは知らなかった。
2. 昨日の夜はうちに帰ってないんだ。
3. 昨日は遊びに行ってないんだ。
4. ノルマを達成できなかったよ。
5. 向こうが締め切りを守ってくれなかったんだ。
6. 私たち、前は仲が悪かったの。
7. 彼女は終電に間に合わなかったんだ。
8. 雪は降らなかったよ。

表現パターン
パターン9〈過去形／疑問文〉

1. Did you study?
2. Did you meet Dave?
3. Did you get lost?
4. Did you go clubbing?
5. Did it rain?
6. Did we miss the train?
7. Did they get divorced?
8. Did I say something strange?

9. What did you do on the weekend?
10. Where did you go?
11. How long did you stay?
12. Where did you get that jacket?
13. Where did they meet?
14. When did he come to Japan?
15. Why did she get angry?
16. Why didn't he come?

1. 勉強した？
2. Daveに会ったことある？
3. 道に迷ったの？
4. （踊るほうの）クラブに行ったの？
5. 雨は降った？
6. 電車を逃したかな？
7. あの2人は離婚したの？
8. 私、変なことを言ったかしら？

9. 週末は何してたの？
10. どこに行ったの？
11. どれくらい行ってたの？（期間）
12. そのジャケット、どこで買ったの？
13. 彼らはどこで出会ったの？
14. 彼はいつから日本にいるの？
15. 彼女はなんで怒ったの？
16. 彼はなぜ来なかったの？

表現パターン
パターン10 〈未来形／肯定文〉

1. I'm gonna go home.
2. I'm gonna see a friend tomorrow.
3. I'm gonna go shopping.
4. I'm gonna get transferred.
5. You're gonna be late.
6. We're gonna get in trouble.
7. They're gonna get back together.
8. It's gonna rain.

表現パターン
パターン11 〈未来形／否定文〉

1. I'm not gonna tell you.
2. I'm not gonna say anything.
3. I'm not gonna go drinking tonight.
4. I'm not gonna get promoted.
5. He's not gonna come.
6. She's not gonna have an operation.
7. It's not gonna be expensive.
8. We're not gonna get laid off.

1 私、もう帰ります。
2 明日、友だちに会うんだ。
3 買い物するつもりだよ。
4 今度転勤になるんだ。
5 君、遅刻しちゃうよ！
6 私たち、怒られそう。
7 彼らはよりを戻しそうだね。
8 雨が降りそうだね。

1 教えてあげない。
2 何も言わないでおこう。
3 今日は飲みに行かない。
4 昇格できなさそう。
5 彼は来ないんだって。
6 彼女、手術をしないですむらしい。
7 高くはないでしょう。
8 私たちはリストラされないでしょう。

表現パターン
パターン12〈未来形／疑問文〉

1. Are you gonna go?
2. Are you gonna ask him out?
3. Are you gonna fill the quota?
4. Are you gonna buy something?
5. Are they gonna come?
6. Are we gonna go out tonight?
7. Is he gonna work tomorrow?
8. Is it gonna be crowded?

9. Where are you gonna go?
10. Who are you gonna go with?
11. When are you gonna get back?
12. What time are you gonna go home?
13. What time is it gonna finish?
14. Where is he gonna move?
15. Where are we gonna have lunch?
16. Why is she gonna quit?

1. 行くの？
2. 彼に告白するの？
3. ノルマを達成できそう？
4. 何か買うの？
5. 彼らは来るの？
6. 今夜はみんなで遊びに行くの？
7. 彼は明日仕事？
8. 混みそう？

9. どこに行くの？
10. だれと行くの？
11. いつ帰ってくるの？
12. 何時に帰るの？
13. それ、何時に終わるの？
14. 彼はどこに引っ越すの？
15. 私たちはどこでランチするの？
16. 彼女はなんで辞めるの？

❸ 少し複雑な文を作る

文頭に2〜3語付け足すだけ

　ここまでで「短英文」が作られるようになりましたね。ポイントとしては、

- 日本語にこだわらない
- 時制さえ合っていればいい

ということでしたね。
　この「時制さえ合っていればいい」、つまり、「4つの時制を使い分けていればいい」という感覚はより複雑な文についても同じです。

　少し複雑な文を作ると言っても、**これまでに作ったような文がそのまま使える言い回し**がたくさんあります。まず短い文を作って、その後、文頭に2〜3語付け加えるのが一番簡単な方法です。

　たとえば、ご存じの **I'm sorry は後ろに文を続けて使われるのが一般的**です。
　過去のことなら過去形、未来のことなら未来形、普段のことなら現在形、今していることなら進行形の文が続きます。
　I'm sorry は「ごめんなさい」以外にも、「後悔した」「残念だ」「気の毒に思う」という意味でも使います。

I'm sorry I went.
「行って後悔した」

I'm sorry I didn't invite you.
「君を誘わなくてごめんね」

I'm sorry you're not gonna come.
「君が来ないのは残念」

I'm sorry you're gonna get transferred.
「君が転勤になるのはお気の毒です」

I'm sorry I'm rushing you.
「せかしててごめんね」

I'm sorry I don't have a car.
「車を持ってなくて残念」

どれも I'm sorry がなくても、

I went.
「行った」

You're not gonna come.
「君が来ない」

などとちゃんとした文になります。

I'm sorry と言ってから、続く文を考えるのは難しいので、I went. の部分を先に作って I'm sorry を付け加えるのがオススメ。**I'm sorry を元々完結している文に付け加えるだけ**です。

ここで I'm sorry に続いている部分は、文法書で「that 節」として紹介されているものですが、**that はほとんどの場合省略される**ので、文をそのまま付け加える感覚でいきましょう。

また、I'm worried の後には恐れていることが続きます。日本語の「間に合うかどうか心配」は否定文ではありませんが、「間に合わない」ことを恐れているので、英語では、

I'm worried I'm not gonna make it.
「間に合わなそうで心配」

と、I'm worriedの後に否定文を続けます。日本語の「〜かどうかが心配です」が、英語では否定文になります。

表現パターン
パターン13 〈I'm glad＋文〉

1. **I'm glad** I learn English.
2. **I'm glad** you like it.
3. **I'm glad** I'm wearing a scarf.
4. **I'm glad** it's not raining.
5. **I'm glad** I bought this book.
6. **I'm glad** I didn't go.
7. **I'm glad** he's gonna come.
8. **I'm glad** I'm not gonna work tomorrow.

表現パターン
パターン14 〈It's too bad＋文〉

1. **It's too bad** she has a boyfriend.
2. **It's too bad** you don't like sushi.
3. **It's too bad** he's working.
4. **It's too bad** everybody's busy.
5. **It's too bad** they broke up.
6. **It's too bad** we didn't meet earlier.
7. **It's too bad** we're not gonna get paid.
8. **It's too bad** he's gonna get married.

「～でよかった」

1. 英語を習っていてよかった。
2. 気に入ってくれてよかった。
3. 今日、マフラーをしていてよかった。
4. 今日は雨じゃなくてよかった。
5. この本を買ってよかった。
6. 行かなくてよかった。
7. 彼が来ることになってよかった。
8. 明日は仕事じゃなくてよかったよ。

「～で残念だ」

1. あの子に彼氏がいて残念。
2. 君がお寿司を好きじゃないのは残念だ。
3. 残念。彼は今仕事中なんだ。
4. みんなが忙しいのは残念だ。
5. あの2人が別れたのは残念だ。
6. もっと早く出会わなかったのが残念。
7. ギャラがもらえないのは残念。
8. 今度彼が結婚してしまうのは残念。

表現パターン
パターン15 〈I can't believe ＋ 文〉

1. **I can't believe** you like him!
2. **I can't believe** you don't know!
3. **I can't believe** he's cheating.
4. **I can't believe** you're still working!
5. **I can't believe** you said that!
6. **I can't believe** I failed!
7. **I can't believe** he's gonna get promoted.
8. **I can't believe** you're not gonna come.

表現パターン
パターン16 〈I'm worried ＋ 文〉

1. **I'm worried** I'm gonna get lost.
2. **I'm worried** he's gonna get angry.
3. **I'm worried** we're gonna break up.
4. **I'm worried** he forgot.
5. **I'm worried** she doesn't know.
6. **I'm worried** I'm not gonna make it.
7. **I'm worried** he's not gonna remember me.
8. **I'm worried** I'm not gonna fill the quota.

「〜だなんて信じられない」

1 あの人が好きだなんて信じられない！
2 それを知らないなんてびっくり！
3 彼が浮気しているなんて信じられない！
4 君がまだ仕事しているなんて信じられない！
5 君がそんなことを言うなんて信じられない！
6 不合格だなんて信じられない！
7 彼が昇格だなんて信じられない！
8 君が来ないなんて信じられない！

「〜しそうで心配だ」

1 道に迷いそうで心配。
2 彼が怒りそうで心配。
3 私たちが別れるんじゃないかと心配。
4 彼が忘れているんじゃないかと心配。
5 彼女は知らないんじゃないかと心配。
6 間に合うかどうか心配。
7 彼が私のことを覚えているかどうか心配。
8 ノルマを達成できるかどうか心配。

表現パターン
パターン17 〈It's not like ＋ 文〉

1. **It's not like** I don't like you.
2. **It's not like** I care.
3. **It's not like** I don't wanna go.
4. **It's not like** we're going out.
5. **It's not like** I didn't try.
6. **It's not like** I shouted at him.
7. **It's not like** he's gonna know.
8. **It's not like** we're not gonna see each other again.

表現パターン
パターン18 〈No wonder ＋ 文〉

1. **No wonder** he's angry.
2. **No wonder** you're tired.
3. **No wonder** you don't understand.
4. **No wonder** you like her.
5. **No wonder** they broke up.
6. **No wonder** he didn't come.
7. **No wonder** she wants to go.
8. **No wonder** you don't wanna go.

「〜というわけじゃない」

1　君が好きじゃないわけじゃない。
2　私は気にしているわけじゃない。
3　行きたくないわけじゃない。
4　私たちは付き合っているわけじゃない。
5　努力しなかったってわけじゃない。
6　彼を怒鳴ったわけじゃない。
7　彼にばれるわけじゃない。
8　2度と会えないわけじゃない。

「〜であるのも無理はない」

1　彼が怒っているのも無理はない。
2　君が疲れているのも無理ないね。
3　君が理解できないのは無理もない。
4　君が彼女のことが好きなのはよくわかる。
5　彼らが別れたのも不思議ではない。
6　彼が来なかったのも無理はない。
7　だから彼女が行きたがっているんだね。
8　君が行きたくないのもよくわかる。

表現パターン
パターン19〈There's no way＋文〉

1. **There's no way** he knows.
2. **There's no way** she likes you.
3. **There's no way** they're going out.
4. **There's no way** he's not drinking.
5. **There's no way** I made a mistake.
6. **There's no way** he didn't go.
7. **There's no way** I'm gonna tell you.
8. **There's no way** we're gonna get back together.

「あり得ない／絶対にない」

1. 彼は絶対に知らない。
2. 彼女が君を好きなはずがない。
3. あの2人が付き合っているはずがない。
4. 彼が飲んでないはずがない。
5. 私は絶対にミスしてないはず。
6. 彼が行かなかったはずがない。
7. 絶対に教えてあげない。
8. 私たちがよりを戻すことは絶対ない。

未来のことを現在形で表す

　前にも書きましたが、日本語の場合、時制をあまり意識しないことが多いですね。

　たとえば、すでに言ったことに対して、「そんなことを言うなんて信じられない」と「言う」を過去形にしなかったり、「昨日」のことでも「明日」のことでも「来ないなんて信じられない」と区別しないで言ったりします。

　日本語で時制を意識しないことが多いからこそ、日本人の英語は時制がめちゃくちゃになっていることが多いのですが、英語ではとても重要なところ。ここまでにこの本で学んだ感覚で使い分けましょう。

　ところが、未来を現在形で表す表現もあります。

　基本的には同じ「文が続く」という感覚です。普段のことは現在形、今のことは進行形、過去のことは過去形の文ですが、**未来のことをなぜか現在形で言う**言い回しがあります。

　具体的には、

if...
「もし…なら」

when...
「…したら」

before...
「…する前に」

after...
「…してから」

until...
「…するまで」

に続く文。過去のことなら過去形で言いますが、未来のことは現在形の文で表します。理由はありませんし、もしあったとしても知ったところで何も利点がないので、「if の後は未来のことが現在形だ」のように覚えておきましょう。

I'm gonna go if you go.
「君が行くなら私も行く」

Let's start when Dave comes.
「Daveが来たら始めよう」

Let's go home before it rains.
「雨が降る前に帰りましょう」

Let's talk after we go home.
「うちに帰ってから話そう」

Let's wait until she finishes.
「彼女が終わるまで待ちましょう」

　文頭に2〜3語付け足すだけで、少し複雑な文を作る場合にも、「未来のことを現在形で言う」言い回しがあります。次の表現パターンの4つの例文は、それぞれ、「普段のこと」「今のこと」「過去のこと」「未来のこと」の順番になっています。4番目の英文で、未来のことを現在形で表している点を確認してください。

Let's go home **before** it rains.

表現パターン
パターン20 〈I hope ＋ 文〉

1 I hope he likes dogs.

2 I hope everything is going well.

3 I hope he didn't get in trouble.

4 I hope it doesn't rain tomorrow.

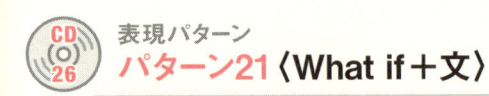

表現パターン
パターン21 〈What if ＋ 文〉

1 What if he knows?

2 What if he's lying?

3 What if he lost it?

4 What if my boss finds out?

「〜だといいな」

1 彼が犬好きだといいな。

2 すべてがうまくいっているといいんだけど。

3 彼が怒られてないといいな。

4 明日、雨が降らないといいな。

「〜だったらどうする?/どうしよう!」

1 彼が知っていたらどうしよう!

2 彼が嘘ついていたらどうするの?

3 彼がそれを失くしていたらどうする?

4 上司にばれたらどうしよう!

COLUMN

疑問文だけど
疑問文の形をとらない文

疑問文には、

What did you do?
「あなたは何をしたの？」

のように、what が目的語で you が主語というタイプが圧倒的に多いです。

しかし、疑問詞 who と what が主語の場合、疑問文でも肯定文の文型になります。たとえば、おなじみの

What happened?
「何があったの？」

がそうです。過去形の質問ですが、did you は入っていませんね。

did you は「あなたが」と you が主語です。What happened? は「あなたが」ではなくて「何が起きた？」と what が主語なので、did you がいらないのです。

このタイプは珍しいので難しく感じる人も多いのですが、実はこっちのほうが簡単。

He came.
「彼が来た」

のような肯定文の He を Who に変えて、

Who came?
「だれが来たの？」

とするだけで、疑問文のできあがりです。

CHAPTER 2
WH名詞節で表現の幅を広げる

CHAPTER 2
WH名詞節で表現の幅を広げる

❶ 簡単で英語らしい WH 名詞節

WH 名詞節とは

　名詞節と聞くと「うわっ!難しい」と拒絶反応を起こしたり、受験勉強の嫌な思いがよみがえったりする人が多いかもれしませんが、実は簡単です。

　Chapter 1 で覚えた**「短英文」に「what / where など」を付け加えるだけ**で「名詞節」ができあがります。

　「疑問詞で始まる名詞節」なので、「WH 名詞節」と呼ぶことにしましょう。

　たとえば

He went.
「彼が行った」

という短英文に

where

を付けるだけで

where he went
「彼がどこに行ったか」

というWH名詞節になります。名詞節を作るのは簡単ですね。さらに、この前に

I don't know
「わからない」

を付けるだけで、

I don't know where he went.
「彼がどこに行ったかわからない」

と新しい文ができます。

また、

You work.
「あなたが普段働いている」

に

where

を付ければ

where you work
「あなたが普段どこで働いているか」

という WH 名詞節になり、これに

I don't know

を付ければ

I don't know where you work.
「あなたが普段どこで働いているか私は知らない」

となります。

what を付けた例を見てみましょう。

She's thinking.
「彼女が今考えている」

に

what

を付ければ

what she's thinking
「彼女が今何を考えているか」

というWH名詞節になります。その前に

I don't know

を付ければ

I don't know what she's thinking.
「彼女が今何を考えているのかわからない」

という文が完成。

She's gonna come.
「彼女が来る」

に

what time

を付けて、

what time she's gonna come
「彼女が何時に来るか」

という WH 名詞節ができあがり、これに

I don't know

を付けて、

I don't know what time she's gonna come.
「彼女が何時に来るかわからない」

という長い文も作れます。

ご覧のように簡単な文に what ／ where などを付けさえすれば、今まで難しいと感じていた「名詞節」が超簡単になりましたね!!
こわがらずにたくさん使ってみましょう!!
　Chapter 1 で習った簡単な文が言える人は、名詞節も簡単に言えます。鉢巻を巻いて一生懸命勉強しなくても、だれでも簡単に使えます。ぼくの学校では、初級クラスの生徒さんにも必ず教えていて、みんな上手に使いこなしてます。（Good job everybody!)

めちゃくちゃ使われる WH 名詞節

英語を教えているとよく聞かれるのは、
「受験勉強で名詞節とか関係代名詞とかをいっぱい勉強させられたけど、実際は全然使わないんでしょう？」
という疑問。
はっきり言わせてもらいますが、そんなことはまったくありません！
本当によく使います。
自然な英語の言い回しを探し出すために映画やドラマの台本を何百本も分析していますが、5分の会話で10回は出てきます。

多くの英語本は難しいと思い込んで「名詞節」を避けていますが、実は難しくないし、本当によく使われます。初級者に教えるべきかどうかは、**「よく使うかあまり使わないか」**で判断したほうがいいですよね。

「名詞節は難しいから上級者になってから覚える」という考え方もありますが、逆に、「名詞節」ができないと上級者にはなれません。後回しにするのは教える側の「逃げ」のようなものです。

名詞節はむしろ英語を簡単にしてくれる

日常の日本語のほうが日常の英語よりもたくさんの単語が使われています。その多くが2つの漢字を合わせて作った単語です。「試しに着る＝試着」「他の人に言う＝他言」「外で食べる＝外食」など、日本語には2つの漢字を合わせた単語がたくさんありますよね。

英語にはこういった単語はありません。しかし、同じようにいくつかの簡単な単語を合わせた「節」を「名詞」として使うことができます。つまり、**漢字を合体させた単語がない分、英語では「名詞節」がとても重要になります。**

　漢字を合体させた日本語の名詞を辞書で調べれば、それにあたる英語の名詞が載っています。辞書は「日本語が1つの名詞なら英語も1つの名詞」という考え方ですが、**多くの場合、その名詞は使いません。**

　たとえば、「行き先が決まってない」という日本語を見てみましょう。「行き先」という名詞を辞書で調べると

destination

とありますが、**その名詞を使わずに名詞節**の

where I'm gonna go
「どこに行くか」

を使ったほうがず～～っと自然!
　つまり、辞書で調べた難しい「名詞」を使うよりは中学レベルの単語を使った「節」のほうがずっといいのです!
　日本人はMy destination is not decided yet.（『行き先がまだ決まってない』の直訳）という不自然な文をよく使いますが、**ネイティブは絶対に言いません。**ネイティブなら

I don't know where I'm gonna go.
「どこに行くかわからない」

と言います。

同じように、「君の気持ちがわかる」と言うときも、

your feeling
「君の気持ち」

とは言わず、必ず

how you feel
「どう感じるか」

と名詞節を使います。日本語英語では、I understand your feeling. ですが、自然な英語では

I know how you feel.

と言います。

　日本語では名詞でも、そして英語にそれに該当する名詞があったとしても、**簡単な中学レベルの単語を使った名詞節のほうがずっ**

と自然な英語になります。より自然な英語だし、より簡単な単語を使うので、一石二鳥。難しく考えるとかえってよくないですね。
　Simple is best!!!

疑問詞を使うけど疑問文ではない

　疑問詞（what / who / where / when / why など）から始まっていても、**質問ではないので疑問文の形をとりません**。よく考えると当たり前のことですが、少し慣れが必要です。
　しかし、実は日本語もまったく同じです。「どこにあるかわからない」も「どこ」を使っているけど質問ではありませんね。

　難しく考えすぎる人も多いようです。たとえば、「彼がどこにいるかわからない」と言いたくて、まずは

Where is he?

と疑問文を考え、その後、is と he の順番を変えて

where he is

に直し、その前に I don't know をつける。これは必要以上に面倒くさいですね。
　疑問文は元々普通の文と語順が逆です。その逆の順番の文を作ってから、元の順番に戻すというのでは無駄に一周している感じがします。

whereの後に

He is in New York.

などの

he is

を付けるだけ。疑問文を一切意識せずに最初から

where + he is

という感覚で作れば意外と簡単です。
　なので **Chapter 1 の文が言える人は簡単に名詞節も使える** ということ！　いぇーい!

❷ ちょっとの工夫でさらに応用

> 時制の意識が大切

I don't know how you do it!

　という文を見てみましょう。なんとなく「どうやってできたかわからない」という意味に思えるかもしれませんが、違います。
　how you do it は現在形の名詞節です。**「普段のこと」を表す現在形**なので、この文は「あなたがいつもどうやってそれができているかわからない」という意味になります。
　ここ 3 年くらい、この例文の意味を生徒さんに聞いていますが、TOEIC 900 点以上の人でも英検 1 級の人でも「いつも」という意味には気づかずに、「どうやってできたかわからない」と訳しています。
　ところが、一人だけ正解を出した人がいます。その人は初心者でした。

I don't know how you do it!

「いつもすごいですね!」

という決まり文句として覚えておきましょう。

最後に前置詞が付く用法

「彼がだれと行くのかわからない」は

I don't know who he's gonna go with.

と最後に前置詞 with が付きます。

「だれと」は with who ですが、ここでは who が先で with が最後に来ます。この点においては

Who are you gonna go with?

「だれと行くの?」

という疑問文も同じです。

最後に付くので言い忘れる人も多いのですが、この with は必ず必要です。次の文でも、on、about、with を最後に付けます。

I don't know what floor he lives on.

「彼が何階に住んでいるのかわからない」

I don't know what you're talking about.
「何の話をしているかわからない」

I don't know who he went with.
「彼がだれと行ったかわからない」

I don't know who he's gonna go with.
「彼がだれと行くのかわからない」

to を使った超簡単なタイプ

　こうした「疑問詞＋肯定文」より、**もっともっと簡単な言い回しもあります**。時制も関係ないし、主語も動詞の活用もないのです。それは、

what to do
「何をすべきか」

のように、**to の左に疑問詞、右には動詞の原形を付けただけのもの**です。
　いつでもこれを使いたいところですが、「〜したらいいか」「〜すべきか」という特別の意味を表すので、残念ながら使える場面は

かぎられてしまいます。でも、結構便利な言い方です。

なお、正式にはこのタイプを「名詞節」ではなくて「名詞句」と言いますが、同じように疑問詞から始まるので一緒に覚えておきましょう。

このタイプを使えば、こんなことが簡単に言えます。

I don't know what to do.
「何したらいいかわからない」

I don't know where to go.
「どこに行けばいいかわからない」

I don't know what to say.
「何と言えばいいかわからない」

I don't know how to say it in English.
「これを英語で何と言うかわからない」

I don't know what to give him.
「彼に何をあげたらいいかわからない」

I don't know how to get there.
「そこに行く道を知らない」

I don't know where to start.
「どこから始めたらいいかわからない」

I don't know where to take her.
「彼女をどこに連れて行くべきかわからない」

if 節で「〜かどうか」を表す

whether
「〜かどうか」

と同じ意味で

if

も使えます。どっちでも正解ですが、圧倒的に if のほうがよく使われます。

if には

「もし〜なら」
「〜かどうか」
と2つの意味があります。どっちも文が続きますが、使い方は若干違います。

Tell me if he comes.
「もし彼が来たら教えて」

のように、「もし〜なら」の if は未来のことを現在形で言います。

Tell me if he's gonna come.
「彼が来るかどうか教えて」

のように、「〜かどうか」の if は未来のことを未来形で言います。

ここで説明している if は「〜かどうか」のほうなので、未来のことを未来形で表しましょう。

表現パターン
パターン22〈That's＋WH名詞節〉

「That's + WH 名詞節」は本当によく使います。「それが/そこが〜なんだ」と強調する言い方です。簡単な That's から始まるので、WH 名詞節に慣れるのにも適したパターンですね。

1 That's why I didn't go.

2 That's why I was late.

3 That's why they broke up.

4 That's why he got angry.

5 That's what I thought.

6 That's what she said.

7 That's what I wanted to say.

8 That's where we're gonna get married.

「それが／そこが〜なんだ」

◯ まずは、「That's why + 文（だから〜なんだよ）」と why を使う WH 名詞節から慣れていきましょう。もちろん、why 以外の疑問詞も使えます。

1 だから行かなかったんだ。

2 だから遅刻したんだ。

3 だからあの2人は別れたんだよ。

4 だから彼が怒ったんだよ。

5 私もそう思った。

6 それは彼女も言っていた。

7 それが言いたかった。

8 そこで今度結婚するのよ。

表現パターン
パターン23〈That's not＋WH名詞節〉

「That's not + WH 名詞節」は、「そうじゃないよ」「そこじゃないよ」と強調している感じです。
　たとえば、「That's not why +文」なら、「だから〜する/したわけじゃ

1 That's not why I went.

2 That's not why he got angry.

3 That's not why I'm going out with him.

4 That's not why I didn't buy it.

5 That's not what I meant.

6 That's not who I was talking about.

7 That's not what he said.

8 That's not how you do it.

「それが〜ではない」

⇨ ない」「それが〜する／した理由ではない」という意味です。why 以外の疑問詞も使えます。

1 だから行ったわけじゃないよ。

2 それは彼が怒った理由じゃないよ。

3 そういう理由で彼と付き合ってるわけじゃないの。

4 だから買わなかったわけじゃないんだ。

5 そういう意味で言ったんじゃないんだよ。

6 その人の話をしてたんじゃないんだよ。

7 彼は別のことを言っていたんだよ。

8 そういうふうにするんじゃないんだよ。

表現パターン
パターン24 〈Is that ＋WH名詞節?〉

パターン23を疑問文にしたのが、この「Is that ＋ WH 名詞節?」です。Is that の部分は疑問文でも、続く WH 名詞節は疑問文ではありません。

ここでもまた、「why ＋文」から始めましょう。「Is that why ＋文?」は「だ

1 Is that why you couldn't come?

2 Is that why he quit?

3 Is that why you don't like him?

4 Is that why you were late?

5 Is that what you wanted to say?

6 Is that where you met her?

7 Is that who you went with?

8 Is that who's gonna come tomorrow?

「それが〜なの?」

⬥ から〜なの?」「それが理由なの?」という言い回しです。why 以外の疑問詞も使えます。

1 だから来られなかったの?

2 それで彼は辞めたの?

3 だから彼のことが好きじゃないの?

4 だから遅刻したの?

5 あなたが言いたかったのはそういうこと?

6 彼女とはそこで出会ったの?

7 その人と一緒に行ったの?

8 明日来るのはその人なの?

表現パターン
パターン25〈tell＋人＋WH名詞節〉

「tell＋人」の後にもよくWH名詞節が続きます。
英語では「直接話法（発言をそのまま引用すること）」はあまり使いませ

1 Tell me where you went.

2 Tell me who he is.

3 Tell me what you wanna do.

4 Tell me how much it is.

5 I told him when we're gonna leave.

6 I didn't tell him why I wanna quit.

7 I'm gonna tell him what I did.

8 I'm not gonna tell him who I went with.

「…(人)に〜を教える」

⊕ ん。ほとんどが「間接話法」で、その多くに WH 名詞節が用いられます。疑問詞の後の時制を変えると、さらにいろいろな表現ができます。

1 どこに行ったか教えて。

2 彼がだれなのか教えて。

3 どうしたいか言ってみて。

4 いくらするか教えて。

5 いつ出発するか、彼に言ったよ。

6 なぜ辞めたいかは彼に言わなかった。

7 自分のしたことを彼に言うつもりなんだ。

8 だれと行ったかは彼には言わない。

表現パターン
パターン26〈ask＋人＋WH名詞節〉

「尋ねる」は ask で表し、「ask ＋人」に WH 名詞節を続けた「間接話法」がよく使われます。

たとえば、Ask him "How old are you?" よりも、Ask him how

1 Ask him how old he is.

2 Ask him where he wants to go.

3 Ask her why she didn't come.

4 Ask her if she's gonna go.

5 I asked her who she likes.

6 I didn't ask her if she had a boyfriend.

7 He always asks me where I go.

8 Why don't you ask him where he is?

「…(人)に〜を尋ねる」

⊃ old he is. と言ったほうが自然です。疑問詞の後の時制を変えると、さらにいろいろな表現ができます。

1 彼に年を聞いてみて。

2 彼にどこに行きたいか聞いておいて。

3 なぜ来なかったか彼女に聞いてみて。

4 彼女が行くかどうか聞いておいて。

5 彼女に好きな人を聞いてみた。

6 彼女に彼氏がいるかどうかは聞かなかった。

7 彼はいつも「どこ行くの?」と聞いてくる。

8 今どこにいるか彼に聞いてみれば?

表現パターン
パターン27〈Guess＋WH名詞節〉

Guess... は「…を当ててみて」という意味ですが、実際には当てることはほとんど要求していません。「〜と思う?」と話をふっている感覚です。

ですから、Guess what...?「何が／何を〜だと思う?」と言われた

1 Guess what I did today?

2 Guess where I'm gonna go tomorrow?

3 Guess who I saw yesterday?

4 Guess what he does?

5 Guess how much it was?

6 Guess who's gonna come?

7 Guess who I'm gonna go out with tomorrow?

8 Guess what I bought?

「～だと思う」

➡ ら What? と、Guess where...?「どこで／どこへ～だと思う?」なら Where? と、Guess who...?「だれが／だれを～だと思う?」なら Who? と聞き返します。

1. 今日私が何をしたと思う？

2. 明日私がどこに行くと思う？

3. 昨日だれに会ったと思う？

4. 彼の職業を当ててみて。

5. いくらだったと思う？

6. だれが来ると思う？

7. 明日だれとデートすると思う？

8. 何買ったか当ててみて。

表現パターン
パターン28〈I wonder＋WH名詞節〉

「wonder」は「気になる」という意味。I wonder は「〜かな?」「〜だろう?」と訳されることも多く、ひとり言っぽい感じ、もしくは知らない同士が「どうなんだろうね?」と言っている感じです。

1 I wonder if it's expensive.

2 I wonder what he's doing.

3 I wonder if he likes kids.

4 I wonder how long it's gonna take.

5 I wonder how far it is.

6 I wonder who he's going out with.

7 I wonder how old she is.

8 I wonder where he is from.

「〜かな?」

1. 高いのかな。

2. 彼は今、何してんのかな?

3. 彼は子どもが好きなのかな?

4. どれくらい時間がかかるのかな?

5. どれくらい遠いのかな?

6. 彼はだれと付き合っているんだろう?

7. 彼女は何歳なのかな?

8. 彼はどこの出身なんだろう?

表現パターン
パターン29 〈know＋WH名詞節〉

know の後には、だいたい名詞か名詞節が続きます。たとえ「Do you know ＋ WH 名詞節？」と疑問文にしても、WH 名詞節の部分は絶対に疑問文にはなりません。

1 I know where it is.

2 I know how to get there.

3 Do you know why he got fired?

4 Do you know how much it is?

5 I don't know what to say.

6 I don't know if he went home.

7 I don't know where to start.

8 I don't wanna know who he's dating.

「〜を知ってる」

1 それがどこにあるか知っているよ。

2 そこに行く道を知っているよ。

3 彼がなぜくびになったか知っている？

4 いくらかわかる？

5 何と言ったらいいのか…。

6 彼が帰ったかどうか知らない。

7 どこから始めたらいいか…。

8 彼がだれと付き合っているかは知りたくない。

表現パターン
パターン30 〈remember ＋WH名詞節〉

remember の後にもよく WH 名詞節が続きます。動詞の ing 形が続くこともあります。

「そこに行ったのを覚えてない」は、I don't remember going there.

1 I remember what happened.

2 I remember what you said.

3 Do you remember where we went last time?

4 Do you remember how to get there?

5 I don't remember how I got home.

6 I don't remember how to say this in English.

7 I don't remember who was there.

8 I don't remember if Dave was there.

「〜を覚えてる」

◯ と動名詞で表しますが、「どこに行ったか覚えてない」は、I don't remember where I went. と WH 名詞節を使います。

1. どうなったか覚えているよ。

2. 君の言ったことを覚えているよ。

3. 前回行ったとこを覚えている？

4. そこに行く道を覚えている？

5. どうやって帰ったか覚えてない。

6. これを英語でどう言うのか覚えてない。

7. だれがいたか覚えてない。

8. Dave がいたかどうか覚えてない。

表現パターン
パターン31 〈find out＋WH名詞節〉

find out は「〜を新しく知る」という意味です。know は「知っている」状態を、find out は「情報を得る」「知る」「バレる」「調べる」「突き止める」という行動を表すといった違いがあります。

1 I found out why they broke up.

2 I found out where he lives.

3 Let's find out who he's dating.

4 Let's find out what we have to do.

5 Find out where he is.

6 Find out if he's rich.

「〜を知る」

1 あの2人がなぜ別れたかわかったよ。

2 彼がどこに住んでいるか調べたよ。

3 彼がだれと付き合っているかを突き止めよう。

4 何をしなきゃいけないか調べよう。

5 彼がどこにいるか調べておいて。

6 彼がお金持ちかどうか調べて。

表現パターン

パターン32 〈figure out＋WH名詞節〉

1 I figured out why he got angry.

2 I figured out what to do.

3 I can't figure out who she's dating.

4 I can't figure out if he likes me.

5 Let's figure out how to apologize.

6 Let's figure out how many we need.

7 Let's figure out how much it's gonna cost.

8 Let's figure out how to do it.

「(考えたり推測したりして)〜がわかる」

1 彼がなぜ怒ったかが(推測して)わかった。

2 何をするべきかが(考えて)わかった。

3 彼女がだれと付き合ってるかは考えてもわからない。

4 彼が私のことを好きかどうかは考えてもわからない。

5 どうやって謝ればいいか考えよう。

6 いくつ必要か計算しよう。

7 いくらかかることになるか計算しよう。

8 このやり方をみんなで考えよう。

表現パターン
パターン33〈It depends on＋WH名詞節〉

It depends on the weather.「天気次第だ」
It depends on the price.「値段次第だ」
のように、「〜によりけり」「〜次第だ」という意味で使われ、名詞かWH名詞節が続きます。
It depends on the price. は、

1 It depends on what happens.

2 It depends on what he says.

3 It depends on if he says yes.

4 It depends on if I can get time off.

5 It depends on how much you wanna spend.

6 It depends on why they broke up.

「〜による」

○ It depends on how much it is.
とも言えます。

他の言い回しと違って、未来のことを表す場合も続くWH名詞節は現在形です。

1 何が起こるかによる。

2 彼が何と言うかによる。

3 彼が許可してくれるかどうかによる。

4 休みがとれるかどうかによる。

5 君の予算による。

6 彼らが別れた理由による。

表現パターン
パターン34 〈think about＋WH名詞節〉

think about にかぎらず、about の後には名詞だけでなく、代わりに動詞の ing 形や名詞節を続けることもできます。

1 I'm thinking about where to take her.

2 I'm thinking about what to give him.

3 I'm thinking about who to invite.

4 I'm thinking about when I was little.

5 I thought about what you said.

6 I thought about why he doesn't wanna go.

7 I thought about what happened.

8 I thought about what they might say.

「〜について考える」

1. 彼女をどこに連れて行くか考えているんだ。

2. 彼に何をあげたらいいか考えているの。

3. だれを誘ったらいいか考えているんだ。

4. 小さかったころのことを考えているんだ。

5. あなたの言ったことについて考えたよ。

6. 彼がなぜ行きたくないか考えてみたよ。

7. その出来事について考えてみたんだ。

8. 向こうがどう言ってきそうかを考えてみたよ。

COLUMN

関係代名詞

　what / where / who などを使うと、「〜すること、場所、人」のように、少し意味が漠然としますが、名詞に置き換えることで、より具体的な内容を表すことができます。

　たとえば、what you bought（あなたが買ったもの）の what を the car と置き換えれば、the car you bought（あなたが買った車）という意味になります。

　これは「関係代名詞」の用法ですが、これもみなさんが思っているより簡単です。

ポイント①

　この「関係代名詞」を学校で教わったときは、
the car that you bought
the car which you bought
the guy who came
the guy whom you invited
など、that、which、who、whom の使い分けに苦しんだ人も多いでしょう。細かくて、面倒くさい使い分けを覚えさせられますが、まずは全部 that で OK です。

ポイント②

　全部 that でいい上に、ほとんどの場合はその that もいりません。that がなければ、結局は英語と日本語の順番が逆になっているだけです。

日本語	英語
あなたが買った車	the car you bought
私が借りたお金	the money I borrowed
私が出会った人	the guy I met

つまり、what you bought の漠然とした what の代わりに、具体的な the car を置き換える感覚でいいのです。そして、必ずではありませんが、ほとんどの場合、その名詞には the が付きます。

ポイント③

その名詞が名詞節の主語にあたるときだけ that が必要です。

日本語	英語
来た人	the guy that came
壊れたおもちゃ	the toy that broke

the car you bought の the car や the money I borrowed の the money は、目的語に当たる名詞なので that は省略できます。

しかし、the guy that came の the guy や the toy that broke の the toy は、主語に当たる名詞なので that が必要です。

一番簡単な考え方はこうです。
the car you bought と the money I borrowed に

は、you、I と主語が入っているので、that は省略できます。それが入ってないときだけ that が必要です。

the toy that broke の that がないと、名詞節ではなく、The toy broke.（おもちゃが壊れた）と普通の文になってしまうので that が必要だということです。

> **❗注意**
> where で始まる名詞節の場合には注意が必要です。
> where には前置詞（at / on / in / to など）は付きませんが、where を the restaurant や the church などに置き換えると、最後に at / on / in / to などを付けなければいけません。
>
> たとえば
> 　where we went「私たちが行った場所」
> 　の where を the restaurant にすると、
> 　the restaurant we went to「私たちが行ったレストラン」
> と to が、
> 　where we got married「私たちが結婚した場所」
> 　の where を the church にすると、
> 　the church we got married in「私たちが結婚した教会」
> と in が必要になってきます。
> ちょっと面倒くさく感じるかもしれませんね。逆に、「where で始まる名詞節」なら前置詞の心配がいらないので、いつでも安心です。

CHAPTER 3
置き換えの術

CHAPTER 3
置き換えの術

❶ 1語置き換えるだけで新しい文を作る

「置き換え頭」になる

　言語をマスターするコツは「置き換える」ことです。新しい構文や言い回しを覚えたり、一から文を作ったりしなくても、**元々知っている文の一部を置き換える**だけで、今の何倍ものことが言えます！ぜひ、**「置き換え頭」**になりましょう。

　名詞を名詞に、形容詞を形容詞に、動詞を動詞に置き換えるので、細かい文法は覚える必要はあまりありませんが、**その単語が名詞なのか、形容詞なのか、動詞なのかは意識しましょう**。品詞さえわかれば、どんな単語と置き換えられるかが判断できます。

形容詞を置き換える

　「どれくらいお腹空いている?」は何と言うんだろうと考えたとき、ほとんどの人がHow much are you hungry?と間違えます。

正解は

How hungry are you?

です。are you? の前に How hungry がつくのは変だと思うかもしれませんが、これは、

How old are you?
「何歳ですか?」

とまったく同じ文型です。old も hungry もどちらも形容詞です。**「置き換え頭」**になっていれば、How hungry are you? と正解が出せます。

同じように、**文の一部を置き換えるだけ**で、

How tall are you?
「身長はどれくらいあるの?」

How heavy are you?
「体重はどれくらいあるの?」

How much is it?
「いくらですか?」

How far is it?
「どれくらい遠いの?」

How big is it?
「どれくらい大きいの?」

How late were you?
「どれくらい遅刻したの?」

How drunk were you last night?
「昨日はどれだけ酔っ払っていたの?」

といろいろな文を作ることができます。

> **置き換えないともったいない**

では、「10分遅刻した」は何と言うでしょう?

よく、I was late for 10 minutes. と言う人がいますが、それは間違いです。

正解は

I was 10 minutes late.

です。late は形容詞です。その形容詞の前に 10 minutes を入れることに違和感を感じる人が多いかもしれませんが、よく考えるとこれは、

I'm 20 years old.
「20歳です」

とまったく同じ文型です。

old の前に 20 years が入るのですから、late の前に 10 minutes があってもおかしくありませんよね。

「置き換え頭」になっていれば、簡単に言えることです。

また、こんなふうにも応用できます。

I'm three months pregnant.
「妊娠3か月です」

It's four stations away.
「駅4つ離れています」

It's two kilometers away.
「2キロ離れています」

It's three hours long.
「（映画の長さなどが）3時間です」

I'm 170 centimeters tall.
「身長が170センチです」

Mt. Fuji is 3,776 meters high.
「富士山の高さは3,776メートルです」

　例文を一文一文覚えていくのはキリがないですし、効率が悪いです。誤解しないでください。細かいことを考えずに文をそのまま暗記するのはすばらしいことです。どんどんそうしていきましょう。大正解です。ただ、**そのあと置き換えをしなければ非常にもったいない**ということです。

ネイティブの言い回しをひとつ覚えて置き換える

　ネイティブと同じ言い方をしたい人はやっぱり**ネイティブの言い回しをまねする**こと。そして、その文の形容詞を形容詞に置き換えたり、名詞を名詞に置き換えたり、動詞を動詞に置き換えたりすることです。こうすればネイティブと同じような言い回しになります。しかもだいたい1～2語だけを考えればいいので、日本語に合わせて訳すよりずっと簡単！　一石二鳥です！

たとえば、

I get drunk easily.

は、直訳すると「私は簡単にdrunkになります」。「be＋形容詞」は「〜である」と状態を表しますが、「get＋形容詞」は「〜になる」と変化を表します。

ただ、上の直訳は日本語としてしっくりきませんね。普通なら、「私はお酒が弱いんです」というところ。逆に言えば、これがネイティブ感覚の英語なのです。

この I get ... easily. を覚えたら、**さっそく置き換えてみましょう**。drunk（酔っ払っている）は形容詞なので、次のように他の形容詞と自由に置き換えられます。

I get sick easily.
「病気になりやすい→体が弱い」

I get angry easily.
「怒りやすい→短気です」

I get jealous easily.
「ヤキモチをやきやすい→嫉妬深い」

I get cold easily.
「寒くなりやすい→寒がりです」

I get nervous easily.
「緊張しやすい→上がり症です」

I get bored easily.
「退屈になりやすい→飽きっぽい」

I get lost easily.
「迷子になりやすい→方向音痴です」

このようにして、一文で終わらせるのではなく、「置き換えの術」で自分の言えることを一気に増やしましょう。

この癖を身に付ければ、**言えることを何倍にも増やせるだけでなく、日本語から直訳することもなくなります。**

英語と日本語は言い回しや表現の仕方が全然違います。日本語に合わせようとすると、一つ一つの単語を英語に訳したり、複数の文法項目を考えたりして、結局は当てずっぽうに単語を並べていくことになり、大変な思いをしても、たいていの場合は通じません。

ところが、元々知っている例文をもとに「置き換えの術」を使え

ば、**楽にネイティブと同じ感覚の英文が完成!**　おいしい話ですねぇ。

名詞を置き換える

I miss you.
「あなたが恋しい」

という英語は日本でもよく知られています。you は名詞なので、他のいろいろな名詞に置き換えることができます。
　同じ文型でこんなことも言えたりするのです。

I miss high school.
「高校のころが恋しい／懐かしい」

I miss Japan.
「日本が恋しい」

I miss Japanese food.
「和食が恋しい」

I miss summer.
「夏が恋しい」

> **動詞を置き換える**

I want to go home.
「帰りたい」

の go home は動詞です。ということは他の動詞と置き換えられますね。

I want to eat out.
「外食したい」

I want to get promoted.
「昇格したい」

I want to meet someone.
「出会いを求めている」

I want to say something.
「言いたいことがある」

また、動詞の部分を「be +形容詞」で置き換えることもあります。これはシンプルながらも意外と使える方法！ なぜなら、動詞を動詞に置き換えるだけでなく、**形容詞にも置き換えられる**からです。「置き換えの術」の進化形ですね！

上の I want to... の後に、「be ＋形容詞」を続けると、

I want to be famous.
「有名になりたい」

I want to be alone.
「ひとりになりたい」

のようなことも言えます。

また、動詞から始まる命令文も、「be ＋形容詞」で始めることができます。

Go home.
「帰って」

Tell me!
「教えてよ!」

Be careful.
「気をつけてね」

Be nice to your sister.
「妹に優しくしなさい」

「〜しないで」と否定の命令文にするには、「Don't ＋動詞」か「Don't be ＋形容詞」の形を使います。

Don't say that.
「そんなことを言わないで」

Don't tell him.
「彼には言わないで」

Don't be rude.
「失礼なことを言わないで／失礼な態度をとらないで」

Don't be modest.
「謙遜しないでください」

❷ スーパー便利な3ステップ

究極の置き換えワザ

名詞は名詞だけでなく、動詞や形容詞にも置き換えられます。 英語上達のコツはこれだと思ってください。

　名詞は主語にも目的語にもなるので、非常に応用範囲の広いワザです。

> ステップ①

名詞を動詞の ing 形に置き換える

名詞を動詞の ing 形（動名詞）に置き換えることができます。

通常は形容詞を形容詞に、名詞を名詞に、動詞を動詞にと置き換えるのですが、動詞に ing を付ければ、名詞の代わりになるのです。ing は動詞を名詞にしてくれます。日本語で言えば「の」「こと」とまったく同じです。

たとえば

I like chocolate.
「チョコレートが好き」

の chocolate は名詞です。これを「泳ぐこと」という名詞に置き換えることができますが、I like swim.「泳ぐが好き」ではダメです。swim は動詞なので、ing 形（動名詞）にします。

I like swimming.
「泳ぐのが好き」「泳ぐことが好き」

動詞の ing 形は時制が関係しないので割りと使いやすいです。たとえば、名詞（house や Japan など）に過去形がないように動詞の ing 形にも過去形はありません。

I miss you.のyouを、今度は動詞のingに置き換えてみましょう。

I miss working there.
「あそこで働いていたころが恋しい」

I miss living alone.
「一人暮らししていたころが恋しい」

I miss going out with him.
「彼と付き合っていたころが恋しい」

「恋しい」と思っているのはすべて過去のことですが、working、living、goingは時制を気にせず使うことができます。

また、「be＋形容詞」を動詞と置き換えられましたね。ですから、beにingを付け、**「being＋形容詞」を名詞の代わりに使うことができます。**

I miss being young.
「若かったころが恋しい」

I miss being single.
「独身だったころが恋しい」

つまり、名詞は、名詞にも動詞にも形容詞にも置き換えられるわけです！　何でも言える便利な応用法ですね。

> ステップ②

ing 形の前に not を入れる

Step 1 では、名詞を動詞や形容詞に置き換えられるコツを覚えましたね。さらに、**not で動詞の ing 形を否定することができます**。not は基本的には動詞のすぐ前に付けます。

I miss not working.
「働いてなかったころがよかったなぁ」

I miss not getting up early.
「早起きしてなかったころが恋しい」

I miss not being busy.
「忙しくなかったころが恋しい」

I miss not being stressed.
「ストレスが溜まってなかったころが恋しい」

ステップ③

ing 形で人の行動も表す

Step 1 と Step 2 だけでも、かなりいろいろなことが言えるようになりました。ただ、まだ自分の行動しか言えませんね。

ここでは、**動詞の ing の前に「人など」を入れて自分以外の人の行動を表してみましょう**。not と「人など」の両方を入れるときは「人など」が先です。

たとえば、

I miss Dave working here.
「Daveがここで働いていたころがよかったなぁ」

I miss her not doing overtime.
「彼女が残業してなかったころが恋しい」

I miss her being kind.
「彼女が優しかったころが恋しい」

I miss it being warm.
「暖かかったころが恋しい」

といった表現が可能ですが、この例文はすべて

I miss you.

のyou（名詞）を動名詞に置き換えているだけです。そして、ここで大切なのは、I miss以外の箇所は

being young

も

not working

も

her not doing overtime

も、**すべて1つの名詞として考えることです。**

名詞には「時制」はありません。houseの過去形やJapanの進行形などありません。**動名詞もほぼ名詞と同じものなので、時制はありません。**

I miss... 「…のころが恋しい」

の後に付ければ過去のことを表しますが、

I'm looking forward to...
「…を楽しみにしている」

の後に付ければ未来のことになります。

たとえば、同じ working there を使っても、

I miss working there.
「あそこで働いていたころが恋しい」

I'm looking forward to working there.
「あそこで働くのが楽しみ」

と、I miss... は過去のことを、I'm looking forward to... は未来のことを表します。**時制にうるさい英語でも、動詞の ing 形（動名詞）は時制を気にせずに使えるのですごく便利です！**

I miss being single.

CHAPTER 3 置き換えの術

表現パターン
パターン35 〈I like＋名詞〉

[名詞]
1. I like summer.
2. I like Thai food.

[動詞の ing 形]
3. I like reading books.
4. I like being single.

[not を入れる]
5. I like not doing anything.
6. I like not having a TV.

[人などを入れる]
7. I like him coming home early.
8. I like him making me dinner.

表現パターン
パターン36 〈I don't like＋名詞〉

[名詞]
1. I don't like crowds.
2. I don't like my new boss.

[動詞の ing 形]
3. I don't like doing overtime.
4. I don't like getting up early.

[not を入れる]
5. I don't like not working.
6. I don't like not cleaning the house.

[人などを入れる]
7. I don't like men wearing accessories.
8. I don't like her being selfish.

「〜が好き」

1. 夏が好き。
2. タイ料理が好き。

3. 本を読むのが好き。
4. 独身でいるのが好き。

5. 何もしないのが好き。
6. テレビがないのが好き。

7. 彼が早く帰ってくるのがうれしい。
8. 彼に夕飯を作ってもらえるのが好き。

「〜が好きじゃない」

1. 混雑が好きじゃない。
2. 新しい上司が好きじゃない。

3. 残業をするのが好きじゃない。
4. 早起きは好きじゃない。

5. 働かないのが好きじゃない。
6. 家の掃除をしないと気がすまない。

7. アクセサリーをつけている男性は苦手。
8. 彼女のわがままなところが好きじゃない。

表現パターン
パターン37 〈I don't mind ＋ 名詞〉

[名詞]
1. I don't mind winter.
2. I don't mind him.

[動詞の ing 形]
3. I don't mind doing the dishes.
4. I don't mind breaking up.

[not を入れる]
5. I don't mind not going.
6. I don't mind not eating out today.

[人などを入れる]
7. I don't mind him coming.
8. I don't mind him not cleaning the house.

表現パターン
パターン38 〈I can't stand ＋ 名詞〉

[名詞]
1. I can't stand packed trains.
2. I can't stand it anymore!

[動詞の ing 形]
3. I can't stand waiting in line.
4. I can't stand losing my cell phone.

[not を入れる]
5. I can't stand not knowing.
6. I can't stand not brushing my teeth.

[人などを入れる]
7. I can't stand people smoking in restaurants.
8. I can't stand people cutting in line.

「〜は構わない／嫌いじゃない」

1. 冬は嫌いじゃない。
2. 彼のことは別に嫌いじゃない。

3. 私は皿洗いをしても構わないよ。
4. 私は別れてもいいよ。

5. 私は行かなくても構わない。
6. 今日は外食じゃなくてもいいよ。

7. 私は彼が来ても構わないよ。
8. 彼が家の掃除をしなくても私は構わない。

「〜には耐えられない／〜が大嫌い」

1. 満員電車には耐えられない。
2. もう耐えられない！

3. 列に並ぶのが大嫌い！
4. 携帯電話をなくすのはとても困る！

5. 知らないのが本当に嫌だ。
6. 歯を磨いてないあの感じには耐えられない。

7. 人がレストランで喫煙するのが大嫌い。
8. 人が列に割り込むのが許せない。

表現パターン
パターン39 〈I'm looking forward to＋名詞〉

[名詞]
1. I'm looking forward to the party.
2. I'm looking forward to Christmas.

[動詞の ing 形]
3. I'm looking forward to seeing you.
4. I'm looking forward to working with you.

[not を入れる]
5. I'm looking forward to not getting up early.
6. I'm looking forward to not working.

[人などを入れる]
7. I'm looking forward to him coming.
8. I'm looking forward to her moving in.

表現パターン
パターン40 〈I regret＋名詞〉

[名詞]
1. I regret it.
2. I regret our fight.

[動詞の ing 形]
3. I regret saying that.
4. I regret breaking up.

[not を入れる]
5. I regret not going.
6. I regret not asking her out.

＊後悔するのは通常自分の行動なので、動詞の ing 形の前に人を入れることありません。

7. I regret being mean to him.
8. I regret not being more careful.

「〜を楽しみにしている」

1 パーティーを楽しみにしてます。
2 クリスマスが楽しみ。

3 君に会うのが楽しみ。
4 あなたと一緒に仕事するのが楽しみです。

5 早起きしなくていいのが楽しみ。
6 働かないでいいのが楽しみ。

7 彼が来るのが楽しみ。
8 彼女が引っ越してくるのが楽しみ。

「〜を後悔している」

1 後悔してます。
2 けんかしたのを後悔している。

3 それを言ったことを後悔している。
4 別れて後悔している。

5 行かなかったのを後悔している。
6 あの子に告白しなかったのを後悔している。

7 彼に意地悪したのを後悔している。
8 もっと気をつければよかった。

表現パターン
パターン41 〈I'm used to＋名詞〉

[名詞]
1. I'm used to Japanese food.
2. I'm used to cold weather.

[動詞の ing 形]
3. I'm used to getting in trouble.
4. I'm used to being single.

[not を入れる]
5. I'm used to not having a girlfriend.
6. I'm used to not working.

[人などを入れる]
7. I'm used to him snoring.
8. I'm used to him being late.

表現パターン
パターン42 〈I'm sick of＋名詞〉

[名詞]
1. I'm sick of winter already!
2. I'm sick of Italian.

[動詞の ing 形]
3. I'm sick of going clubbing.
4. I'm sick of cooking.

[not を入れる]
5. I'm sick of not getting promoted.
6. I'm sick of not having a car.

[人などを入れる]
7. I'm sick of my cold not getting better.
8. I'm sick of him speaking loudly.

「〜に慣れている」

1. 和食に慣れている。
2. 寒い天気に慣れている。

3. 怒られるのに慣れている。
4. 独身生活に慣れている。

5. 彼女がいないのに慣れちゃった。
6. 働かないことに慣れちゃった。

7. 彼のいびきには慣れている。
8. 彼が遅刻するのには慣れている。

「〜にウンザリしている／飽き飽きしている」

1. もう冬には飽きた。
2. イタリアンには飽きたんだ。

3. クラブ遊びに飽きた。
4. 料理するのがもうウンザリ。

5. 昇格しないことにウンザリしている。
6. 車がないことにウンザリしている。

7. 風邪が全然治らなくてウンザリしてる。
8. 彼がいつもでかい声で話すのでウンザリしてる。

表現パターン
パターン43 〈I can't imagine ＋名詞〉

[名詞]
1. I can't imagine that.
2. I can't imagine a world without beer.

[動詞の ing 形]
3. I can't imagine getting married.
4. I can't imagine breaking up with you.

[not を入れる]
5. I can't imagine not going out with him.
6. I can't imagine not having a cell phone.

[人などを入れる]
7. I can't imagine Nic cooking.
8. I can't imagine him crying.

表現パターン
パターン44 〈What happened to ＋名詞?〉

[名詞]
1. What happened to my beer?
2. What happened to Dave?

[動詞の ing 形]
3. What happened to eating out?
4. What happened to going to the beach?

[not を入れる]
5. What happened to not going drinking?
6. What happened to not smoking?

[人などを入れる]
7. What happened to Joe coming?
8. What happened to them breaking up?

「〜が想像できない」

1. それは想像できない。
2. ビールのない世界は想像できない。

3. 自分が結婚するのが想像できない。
4. あなたと別れることは想像できない。

5. 彼と付き合ってない自分が想像できない。
6. 携帯電話を持ってない生活が想像できない。

7. Nic が料理する姿が想像できない。
8. 彼が泣いているのは想像できない。

「〜がなくなったの？／〜するんじゃなかったの？」

1. あれ？　俺のビールはどこ行っちゃったの？
2. あれ？　Dave はどこ行っちゃったの？

3. 外食するんじゃなかったの？
4. 海に行くんじゃなかったの？

5. 飲みに行かないんじゃなかったの？
6. タバコをもう吸わないんじゃなかったっけ？

7. Joe も来るんじゃなかったっけ？
8. あの２人は別れたんじゃなかったっけ？

表現パターン
パターン45 〈What's wrong with＋名詞?〉

[名詞]

1 What's wrong with that?
2 What's wrong with hip-hop?

[動詞の ing 形]

3 What's wrong with being fat?
4 What's wrong with wanting to be rich?

[not を入れる]

5 What's wrong with not being married?
6 What's wrong with not wanting lots of money?

[人などを入れる]

7 What's wrong with Dave coming?
8 What's wrong with couples kissing in public?

「〜の何が悪いの?」

1 それの何が悪いの?
2 ヒップホップのどこがダメなの?

3 太っていて何が悪いの?
4 お金持ちになりたいと思って何が悪いの?

5 結婚してなくて何が悪いの?
6 お金をたくさんほしがらなくて何が悪いの?

7 Dave が来て何が悪いの?
8 カップルが人前でキスをして何が悪いの?

CHAPTER 4
奇跡の応用法

CHAPTER 4
奇跡の応用法

❶ 複雑な文を一気にシンプルにする方法

修飾語を1語付けるだけ

　これからご紹介するのは、とても簡単で、そして便利な方法です。

　完結している文の最後に要素を付け加えるこの「奇跡の応用法」を覚えると、複雑な文を一気にシンプルにできます。

　英語は「シンプル・イズ・ベスト」なので、簡単になるのと同時にずっと自然な英語にもなります。

文＋形容詞

　「彼がお腹を空かせて帰ってきた」という文を英語にしてみましょう。

　おそらく多くの人は、He was hungry when he came home.と2つの文をwhenという接続詞でつなげると思いますが、これは必要以上に難しくて、なおかつ、不自然です。

　正解は

He came home hungry.

です。

He came home.
「彼が帰ってきた」

という完結している文に

hungry
「お腹が空いている」

という形容詞を付け加えるだけ。

「文＋形容詞」という形です。

　では、「朝起きたら有名人になっていた」という文を考えてみましょう。
　いろんな英語本でI awoke to find myself to be famous.と長ったらしい文を正解として載せているのを見たことがあるのですが、ぜ〜ったいに言わない！

　正解は

I woke up famous.

です。

I woke up.
「（朝）目が覚めた」

という簡単な文に

famous
「有名な」

を付けるだけ。

　文法書はありとあらゆる文法を教えてくれますが、その中には**使わない文法項目がいっぱいあります**。また、その教えたい文法にむりやり合わせて例文を作るので、本当は同じことをもっとずっと簡単に言えたりします。英語本や文法書を読んだりすると「赤ペン先生」に変身したくなります。

文に続けられるのは副詞だけじゃない

　日本の英語教育では、文の最後に副詞 early、late、alone を付け加えることは教えてもらいますが、形容詞も同じように付け加えられます。

　たとえば、

He came home early.
「彼が早く帰ってきた」

He came home late.
「遅く帰ってきた」

だけではなく、

He came home tired.
「疲れて帰ってきた」

He came home angry.
「怒って帰ってきた」

He came home drunk.
「酔っ払って帰ってきた」

He came home depressed.
「落ち込んで帰ってきた」

He came home happy.
「上機嫌で帰ってきた」

He came home sick.
「風邪を引いて帰ってきた」

という表現も可能です。

COLUMN

形容詞なの？　過去分詞なの？

「drunk や tired は形容詞じゃなくて過去分詞でしょ？」と思う人もいるかもしれません。

実は形容詞と過去分詞の境目があいまいな場合が多く、たとえば drunk は文法書によっては過去分詞と解説されたり、形容詞と解説されたりします。

海外の文法書では tired や drunk は形容詞とされていますが、日本ではだいたい過去分詞とされています。多くの形容詞の語源が過去分詞だったりもしますが、現代の英語圏の国の文法書では形容詞とされています。日本の文法書はちょっと古い部分もありますね。

過去分詞には「～される」といった受け身の意味もあります。

だからと言って、He is drunk. を「彼が飲まれている」、He came home drunk. を「飲まれて帰ってきた」と訳したら変です。

drunk は drink の過去分詞であると同時に、「酔っ払っている」という形容詞でもあります。drunk が 2 つあるというのが一般的な考え方です。

形容詞でも過去分詞でも使い方は同じなので、あまりこだわる必要はありません。

He came home. に形容詞だけでなく、

He came home covered in mud.
「泥だらけで帰ってきた」

のように過去分詞も付け加えることができます。

❷ 長い文もこわくない

文＋with 名詞

名詞も完結している文に付け加えることができます。

形容詞はそのまま付け加えますが、名詞の場合は with でつなぎます。細かい文法は覚える必要はありませんが、付け足す単語が**形容詞なのか、名詞なのかは意識しましょう**。それによって使い方が決まるからです。

前のセクションに出てきた

He came home.

という文に「with 名詞」を付ければ、次のようなことが言えます。

He came home with a headache.
「彼は帰ってきたとき、頭が痛かった」

He came home with a cold.
「彼は風邪を引いて帰ってきた」

He came home with lipstick on his shirt.

「彼が帰ってきたとき、シャツに口紅が付いてた（！）」

He came home with a problem.

「彼は悩みごとを抱えて帰ってきた」

ポイント①

He came home with a headache. は「帰ってきたとき頭痛だった」とも、「頭痛だったから帰ってきた」とも訳せます。「帰ってきた」ことと「頭が痛かった」ことに因果関係があるかないかはあいまいですが、あいまいだからこそ便利。**因果関係があってもなくても同じ文で表せるのです。**

ポイント②

He came home sick. も He came home with a cold. も、帰ってきたときに具合が悪かったことに変わりありません。しかし、sick は形容詞なので He came home にそのまま続けられますが、**a cold は名詞なので with でつなげます。**

ポイント③

lipstick（口紅）は名詞なので with でつなげます。 on his shirt がないと「口紅をお土産に持って帰ってきた」という意味に

もなります。

ポイント④

　problem には「問題」以外に、「悩みごと」という意味もあります。**a problem は名詞なので、with でつなげます。**

文＋動詞の ing 形

　ing 形にすれば動詞も完結している文に付け加えることができます。

　これは受験英語でも「分詞構文」として教えられている形です。**「文＋動詞の ing 形」は「〜しながら」「〜をしていて」の意味。**また、**「文 ＋ not ＋ 動詞の ing 形」**という言い方もあります。

He came home.

に、今度は動詞の ing 形を付け加えてみましょう。

He came home crying.
「彼は泣きながら帰ってきた」

He came home wearing sunglasses.

「彼はサングラスをかけて帰ってきた」

He came home smelling like perfume.

「彼は帰ってきたら女性の香水の匂いがした」

He came home not wearing his tie.

「彼はノーネクタイで帰ってきた」

ただし、この奇跡の応用法を使うには条件が2つあります。

条件その①

2つのことが同時に起きなければいけない

come home と drunk が同時、もしくは部分的に重なってないといけません。「帰ってきたときに酔っ払っていた」ならばこの方法で表現できます。

　それに対して、「昨日筋トレして、今日は筋肉痛」のような文にこの応用法は使えません。なぜなら「筋トレ」と「筋肉痛」は同時に起きたことではないからです。

条件その②

説明する対象は元の文に出てくる人やものにかぎる

「＋形容詞」「＋with 名詞」「＋動詞の ing 形」は「元々の完結している文」の中に入っている人やものにしか続けられません。たとえば、

I saw him crying.

という文は「彼が泣いているのを見た」、「私が泣きながら彼を見た」のどっちの意味にもとれます。I も him も元の文に入っているからです。

しかし、「雨が降っている中を彼が帰ってきた」を He came home raining. とは言えません。rain も含めて「天気」を表す文の主語は it ですが、元の文には it が入ってないため、raining は付けられないのです。

会話のキャッチボールに使える

この奇跡の応用法がさらに便利なのは、自分の文だけでなく、**他の人の文にも付け加えられるところです。**たとえば、

I'm busy.
「忙しい」

に

working

を付け加えた

I'm busy working.
「働いていて忙しい」

はこれまで習いました。
　これを、I'm busy. と言っている人に対して、Working？（働いていて？）と「動詞のing形」だけで質問することができるのです。

A: I'm busy.
「忙しいんだ」

B: Working?
「働いていて？（仕事で？）」

　ここではBさんがAさんの文に「動詞のing形」を付け加える形で質問しています。日本語でも「忙しいなあ」と言う相手に「仕事で？」と聞いたりしますよね。

　さらに、

A: I'm busy.
「忙しい」

B: Doing what?
「何をしていて？」

A: Working.
「働いていて」

　というような会話もよくあります。つまり、この応用法をマスターしておけば、**短くて自然な話が簡単にできるようになるのです。**

これでいくらでも長い文も言える

　ひとつの簡単な文に、どんどん好きなだけ要素を付け加えていくことができます。入試問題の長文や小説などを見ると、3行くらいピリオドがない、すごく長い文はありますよね。その大半はこの奇跡の応用法を使っています。

　たとえば、I woke up.（目が覚めた）という簡単な文に、次々と要素を付け加えていくと、

I woke up alone, with no money, lying on the street, not knowing where I was.

と、結構長い文になります。でも元々は I woke up. とすごく短い文に「奇跡の応用法」で要素を4つ付け加えているだけです。（know の後には Chapter 2 の WH 名詞節も続いています）

つまり、こういうことです。

I woke up
「起きた」

+

alone
「ひとりで」

+

with no money
「無一文で」

+

lying on the street
「通りに寝そべって」

＋

not knowing where I was.
「自分がどこにいるかもわからずに」

次に、

He came back from New York.
「ニューヨークから帰国した」

という簡単な文に他の要素を付け加えてみましょう。

He came back from New York, fluent in English, rich, famous, wearing a cowboy hat, with a fiancée.

　この文も長いですが、結局 He came back from New York. に「奇跡の応用法」でいろいろな表現をいっぱい付けているだけです。

つまり、こういうことです。

He came back from New York,
「ニューヨークから帰国した」

+

fluent in English,
「英語がぺらぺらになって」

+

rich,
「お金持ちになって」

+

famous,
「有名になって」

+

wearing a cowboy hat,
「カウボーイハットをかぶって」

with a fiancée.
「婚約していて」

表現パターンに出てくる

I went to bed with the window open.
「窓を開けっぱなしで寝た」

も

I went to bed（完結している文）

に

with the window（with+名詞）

と

open（形容詞）。

がつながってできた文です。

I went to bed with the window open.

CHAPTER 4 奇跡の応用法

表現パターン
パターン46 〈I went to bed...〉

1. I went to bed really tired.
2. I went to bed drunk.
3. I went to bed with the window open.
4. I went to bed with the AC on.
5. I went to bed wearing make-up.
6. I went to bed wearing contacts.

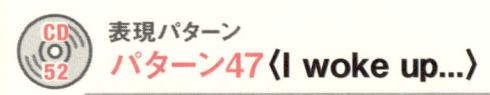

表現パターン
パターン47 〈I woke up...〉

1. I woke up famous.
2. I woke up better.
3. I woke up with a cold.
4. I woke up with a hangover.
5. I woke up screaming.
6. I woke up lying on the floor.
7. I woke up not knowing where I was.

1. ボロボロに疲れて寝た。
2. 寝たときは酔っ払っていた。
3. 窓を開けっぱなしで寝た。
4. エアコンをつけっぱなしで寝た。
5. 化粧をしたまま寝た。
6. コンタクトつけっぱなしで寝た。

1. 朝起きたら有名人になっていた。
2. 朝起きたら体調がよくなっていた。
3. 朝起きたら風邪を引いていた。
4. 朝起きたら二日酔いだった。
5. 叫びながら目を覚ました。
6. 朝起きたら床で寝ていた。
7. 目が覚めたとき、自分がどこにいるかわからなかった。

表現パターン
パターン48〈You look good...〉

1. You look good with your hair up.
2. You look good angry.
3. You look good with short hair.
4. You look good with glasses.
5. You look good driving.
6. You look good running.

［good を better に代えて「〜のほうが似合う」］

7. You look better with your hair up.
8. You look better with glasses.

［would を入れて「似合いそう」］

9. You would look good with short hair.
10. You would look better with short hair.

表現パターン
パターン49〈Come.../Don't come...など〉

1. Come ready.
2. Come wearing a tie.
3. Come with no expectations.
4. Don't come drunk.
5. Don't come with a bad attitude.
6. Don't go home angry.

1 髪の毛をアップにしているのが似合うね。
2 怒っているとかわいいね。
3 短い髪が似合うね。
4 メガネが似合うね。
5 運転している姿がかっこいいね。
6 走っている姿がかっこいいね。

7 髪をアップにするほうがかわいいね。
8 メガネをかけていたほうが似合うね。

9 短い髪が似合いそうだね。
10 短い髪のほうが似合いそうだね。

1 準備万端で来てね。
2 ネクタイして来てね。
3 先入観なしで来てみて。
4 酔っ払って来るなよ。
5 悪い態度では来ないでね。
6 怒ったまま帰らないで。

CHAPTER 4　奇跡の応用法 | **171**

表現パターン
パターン50 〈I can't work...〉

1 I can't work sick.

2 I can't work hungry.

3 I can't work with a headache.

4 I can't work with that noise!

5 I can't work thinking about that.

表現パターン
パターン51 〈I saw him.../I've never seen him...など〉

1 I saw him naked.

2 I saw him crying.

3 I saw him studying.

4 I've never seen him angry.

5 I've never seen him drunk.

6 I've never seen him doing overtime.

1. 具合悪くて仕事にならない。
2. お腹が空いて仕事にならない。
3. 頭痛で仕事ができない。
4. この騒音では仕事できない。
5. それを考えていると仕事にならない。

1. 彼の裸を見た。
2. 彼が泣いているのを見た。
3. 彼が勉強しているのを見た。
4. 彼が怒っているのを見たことない。
5. 彼が酔っ払っているのを見たことがない。
6. 彼が残業しているのを見たことがない。

表現パターン
パターン52 〈I was born...〉

1 He was born rich.

2 He was born stupid.

3 I was born beautiful.

4 I was born with cataracts.

5 I was born with this mark.

表現パターン
パターン53 〈けがなど〉

1 I hurt my back lifting the table.

2 I broke my leg skiing.

3 I twisted my ankle playing football.

4 I cut my finger cutting vegetables.

5 I burned my hand cooking.

6 I broke a nail opening a can.

1. 彼は生まれつき金持ちです。
2. 彼が頭が悪いのは生まれつきです。
3. 私が美人なのは生まれつきです。
4. 生まれつきの白内障です。
5. このシミは生まれつきです。

1. テーブルを持ち上げて腰を痛めた。
2. スキーをしていて足を折った。
3. サッカーをしていて足首をひねった。
4. 野菜を切っていて指を切ってしまった。
5. 料理していて手をやけどしちゃった。
6. 缶を開けようとして爪を割った。

表現パターン
パターン54 〈Good luck with+名詞／Good luck ...ing〉

1. Good luck with the test.
2. Good luck with the interview.
3. Good luck with your date.
4. Good luck with everything.
5. Good luck getting a job.
6. Good luck getting into college.
7. Good luck finding parking.
8. Good luck getting time off.

表現パターン
パターン55 〈I'm lucky with+名詞／I'm lucky ...ing〉

1. You're lucky with guys.
2. You were lucky with the timing.
3. We were lucky with the weather.
4. I'm lucky having you.
5. I'm lucky running into you.
6. You're lucky being a guy.
7. We were lucky getting a table.
8. We were lucky not getting in trouble.

1 テスト、がんばってね。
2 面接、がんばってね。
3 デート、がんばってね。
4 いろいろとかんばってね。
5 就職活動、がんばってね。
6 大学進学、がんばってね。
7 がんばって駐車場を見つけて。
8 休みがとれるようにがんばって。

1 あなたは男運があるね。
2 ラッキーなタイミングだったね。
3 天気に恵まれた。
4 あなたがいてくれるので、私は恵まれている。
5 あなたに偶然会えてラッキーだった。
6 あなたは男に生まれてラッキーだった。
7 運良く席がとれた。(レストランで)
8 怒られなくてラッキーだったね。

表現パターン
パターン56 〈I have no luck with＋名詞／I have no luck ...ing〉

1. I have no luck with women.
2. I have no luck with the weather.
3. I'm having no luck with the new staff.
4. I had no luck getting a taxi.
5. I had no luck getting promoted.
6. I'm having no luck getting a flight.
7. I'm having no luck getting a boyfriend.
8. I'm having no luck getting a job.

1. 女運がない。
2. ぼくは雨男だ。（いつも天気に恵まれない）
3. 新しいスタッフとはうまくいってない。
4. なかなかタクシーがつかまらなかった。
5. 昇格には恵まれなかった。
6. なかなか航空券がとれない。
7. 彼氏を探しているけどまだ見つからない。
8. 就職活動では全然つきがない。

INDEX

■数字の見方例　39-3　140
→表現パターン39の3番目の例文で、140ページに掲載されているという意味です。

あ

- 会うのが楽しみ …………… 39-3　140
- アクセサリーをつけている男性は苦手
  ……………………………… 36-7　136
- 朝起きたら風邪を引いていた
  ……………………………… 47-3　168
- 朝起きたら体調がよくなっていた
  ……………………………… 47-2　168
- 朝起きたら二日酔いだった … 47-4　168
- 朝起きたら有名人になっていた
  ……………………………… 47-1　168
- 朝起きたら床で寝ていた … 47-6　168
- 明日仕事？ ………………… 12-7　050
- 遊びに行くの？ …………… 12-6　050
- 遊びに行くのは新宿 ……… 1-4　036
- 遊びに行ってない ………… 8-3　044
- 頭が悪いのは生まれつき … 52-2　174
- 新しい上司が好きじゃない … 36-2　136
- 厚化粧だ …………………… 4-6　040
- 会ったことある？ ………… 9-2　046
- あなたがいてくれるので恵まれている
  ……………………………… 55-4　176
- あなたの言ったことについて考えた
  ……………………………… 34-5　112
- あの子に彼氏がいて残念 … 14-1　056
- あの人が好きだなんて信じられない！
  ……………………………… 15-1　058
- 雨男だ ……………………… 56-2　178
- 雨がたくさん降る ………… 1-8　036
- 雨が降っている …………… 4-8　040
- 雨が降らないといいな …… 20-4　068
- 雨が降りそうだ …………… 10-8　048
- 雨じゃなくてよかった …… 13-4　056
- 雨は降った？ ……………… 9-5　046

い

- 言いたかったのはそういうこと？
  ……………………………… 24-5　092
- 家の掃除をする？ ………… 3-6　038
- 家の掃除をしなくても私は構わない
  ……………………………… 37-8　138
- 家の掃除をしないと気がすまない
  ……………………………… 36-6　136
- 行かなかったのを後悔している
  ……………………………… 40-5　140
- 行かなかったはずがない … 19-6　062
- 行かなくても構わない …… 37-5　138
- 行かなくてよかった ……… 13-6　056
- 行きたくないのもよくわかる … 18-8　060
- 行きたくないわけじゃない … 17-3　060
- 行くかどうか聞いて ……… 26-4　096
- いくつ必要か計算しよう … 32-6　108
- 行くの？ …………………… 12-1　050
- いくらかかることになるか計算しよう
  ……………………………… 32-7　108
- いくらかわかる？ ………… 29-4　102
- いくらするか教えて ……… 25-4　094
- いくらだったと思う？ …… 27-5　098
- 意地悪したのを後悔している
  ……………………………… 40-7　140
- 忙しいのは残念 …………… 14-4　056
- いたかどうか覚えてない … 30-8　104
- イタリアンには飽きた …… 42-2　142

- いつ帰ってくるの？ ……… 12-11 050
- いつから日本にいる？ ……… 9-14 046
- いつ出発するか言った ……… 25-5 094
- 一緒に仕事するのが楽しみです
  ……………………………… 39-4 140
- 言ったことを覚えている ……… 30-2 104
- 言ったことを後悔している ……… 40-3 140
- 行ったとこを覚えている？ ……… 30-3 104
- 犬好きだといいな ……………… 20-1 068
- いびきには慣れている ……… 41-7 142
- 今、何してんのかな？ ……… 28-2 100
- 今、やってるところ ……………… 4-4 040
- いろいろとかんばってね ……… 54-4 176

う

- 嘘ついていたらどうする？ … 21-2 068
- うちに帰ってない ……………… 8-2 044
- うまくいっているといいんだけど
  ……………………………… 20-2 068
- うまくいってない ……………… 56-3 178
- うまく溶け込んでいる？ ……… 6-7 042
- 生まれつき金持ち ……………… 52-1 174
- 生まれつきの白内障 ……… 52-4 174
- 海に行くんじゃなかったの？
  ……………………………… 44-4 144
- 浮気しているなんて信じられない！
  ……………………………… 15-3 058
- 運転している姿がかっこいい
  ……………………………… 48-5 170
- 運転できる？ …………………… 3-1 038
- 運動はやってる？ ……………… 3-2 038
- 運良く席が取れた ……………… 55-7 176

え

- エアコンをつけっぱなしで寝た
  ……………………………… 46-4 168
- 英語でどう言うのか覚えてない
  ……………………………… 30-6 104
- 英語を習っていてよかった ……… 13-1 056

お

- お金持ちかどうか調べて ……… 31-6 106
- お金持ちになりたいと思って
  何が悪いの？ ……………… 45-4 146
- お金をたくさんほしがらなくて
  何が悪いの？ ……………… 45-6 146
- 怒ったまま帰らないで ……… 49-6 170
- 怒っているとかわいい ……… 48-2 170
- 怒っているのも無理はない ……… 18-1 060
- 怒っているのを見たことない
  ……………………………… 51-4 172
- 怒られそう ……………………… 10-6 048
- 怒られてないといいな ……… 20-3 068
- 怒られなくてラッキーだったね
  ……………………………… 55-8 176
- 怒られるのに慣れている ……… 41-3 142
- 怒りそうで心配 ……………… 16-2 058
- お酒を飲まない ……………… 2-4 036
- 教えてあげない ……………… 11-1 048
- お寿司を好きじゃないのは残念
  ……………………………… 14-2 056
- 男運があるね ……………… 55-1 176
- 男に生まれてラッキーだった
  ……………………………… 55-6 176
- お腹が空いて仕事にならない
  ……………………………… 50-2 172
- 覚えているかどうか心配 ……… 16-7 058
- 俺のビールはどこ行っちゃったの？
  ……………………………… 44-1 144
- 女運がない ……………………… 56-1 178

か

- 外食した ……………………… 7-2 044
- 外食じゃなくてもいい ……… 37-6 138
- 外食するんじゃなかったの?
  ……………………………… 44-3 144
- 買い物するつもり ………… 10-3 048
- 買い物に行った ……………… 7-3 044
- 帰ったかどうか知らない …… 29-6 102
- 帰ります …………………… 10-1 048
- 風邪が治らなくてウンザリしてる
  ……………………………… 42-7 142
- 買ってよかった …………… 13-5 056
- 彼女がいないのに慣れちゃった
  ……………………………… 41-5 142
- 彼女も言っていた ………… 22-6 088
- 髪をアップにしているのが似合う
  ……………………………… 48-1 170
- 髪をアップにするほうがかわいい
  ……………………………… 48-7 170
- 彼が来ても構わない ……… 37-7 138
- 彼が結婚してしまうのは残念
  ……………………………… 14-8 056
- 彼氏がいるかどうかは聞かなかった
  ……………………………… 26-6 096
- 彼氏を探しているけどまだ
  見つからない ……………… 56-7 178
- 彼と付き合ってない自分が
  想像できない ……………… 43-5 144
- 彼のことは別に嫌いじゃない
  ……………………………… 37-2 138
- がんばって駐車場を見つけて
  ……………………………… 54-7 176
- 缶を開けようとして爪を割った
  ……………………………… 53-6 174

き

- 来て何が悪いの? ………… 45-7 146
- 気に入ってくれてよかった … 13-2 056
- 気にしているわけじゃない … 17-2 060
- 君のがんばりが足りない …… 5-5 040
- ギャラがもらえないのは残念
  ……………………………… 14-7 056
- 今日は休み ………………… 5-1 040
- 許可してくれるかどうかによる
  ……………………………… 33-3 110

く

- 具合悪くて仕事にならない
  ……………………………… 50-1 172
- 偶然会えてラッキーだった
  ……………………………… 55-5 176
- 口を利いてない ……………… 5-6 040
- クラブ遊びに飽きた ……… 42-3 142
- クラブに行った? …………… 9-4 046
- クリスマスが楽しみ ……… 39-2 140
- 来ることになってよかった … 13-7 056
- 来るの? …………………… 12-5 050
- 来るのが楽しみ …………… 39-7 140
- 来るのはその人なの? ……… 24-8 092
- 車がないことにウンザリしている
  ……………………………… 42-6 142
- 来るんじゃなかったっけ? … 44-7 144

け

- 携帯電話をなくすのは困る!
  ……………………………… 38-4 138
- 携帯電話を持ってない生活が
  想像できない ……………… 43-6 144
- 化粧をしたまま寝た ……… 46-5 168

- 結婚した　……………… 7-6　044
- 結婚してなくて何が悪いの？　45-5　146
- 結婚するのが想像できない　43-3　144
- けんかしたのを後悔している　40-2　140

こ

- 後悔してます　…………… 40-1　140
- コーヒーは好き？　……… 3-4　038
- 告白しなかったのを後悔している
  ……………………… 40-6　140
- 告白するの？　…………… 12-2　050
- 故障中　…………………… 5-8　040
- 子どもが好きなのかな？　28-3　100
- 来ないなんて信じられない！
  ……………………… 15-8　058
- 来ないんだって　………… 11-5　048
- 来なかったのも無理はない
  ……………………… 18-6　060
- このシミは生まれつき　… 52-5　174
- この騒音では仕事できない
  ……………………… 50-4　172
- 混みそう？　……………… 12-8　050
- 混雑が好きじゃない　…… 36-1　136
- コンタクトしている？　… 6-1　042
- コンタクトつけっぱなしで寝た
  ……………………… 46-6　168
- 今夜はお酒を飲んでいない
  ……………………… 5-4　040

さ

- サッカーをしていて足首をひねった
  ……………………… 53-3　174
- 叫びながら目を覚ました　47-5　168
- 寒い天気に慣れている　… 41-2　142
- 皿洗いをしても構わない　37-3　138

- 残業しているのを見たことがない
  ……………………… 51-6　172
- 残業しない　……………… 2-2　036
- 残業をするのが好きじゃない
  ……………………… 36-3　136
- 残念。彼は今仕事中　…… 14-3　056

し

- 仕事じゃなくてよかった　… 13-8　056
- 仕事中　…………………… 4-1　040
- 仕事中？　………………… 6-5　042
- 仕事は何をしてる？　…… 3-9　038
- 仕事は何時に終わる？　… 3-11　038
- 仕事は8時に終わる　…… 1-2　036
- 知っていたらどうしよう！　21-1　068
- 自分のしたことを言うつもり
  ……………………… 25-7　094
- 締め切りを守ってくれなかった
  ……………………… 8-5　044
- 就職活動、がんばってね　… 54-5　176
- 就職活動では全然つきがない
  ……………………… 56-8　178
- 就職活動をしている　…… 4-3　038
- 終電に間に合わなかった　… 8-7　044
- 週末は何してた？　……… 9-9　046
- 手術をしないですむ　…… 11-6　048
- 準備万端で来て　………… 49-1　170
- 昇格しないことにウンザリしている
  ……………………… 42-5　142
- 昇格だなんて信じられない！
  ……………………… 15-7　058
- 昇格できなさそう　……… 11-4　048
- 昇格には恵まれなかった
  ……………………… 56-5　178
- 冗談でしょう？　………… 6-3　042
- 職業を当ててみて　……… 27-4　098

- 食事中 …………………… 4-2　040
- 知らないなんてびっくり！… 15-2　058
- 知らないのが嫌だ ………… 38-5　138
- 知らないんじゃないかと心配
　…………………………… 16-5　058
- 知らなかった …………… 8-1　044

す

- スキーができない ………… 2-5　036
- スキーをしていて足を折った
　…………………………… 53-2　174
- 好きかどうかは考えてもわからない
　…………………………… 32-4　108
- 好きじゃないわけじゃない … 17-1　060
- 好きなのはよくわかる …… 18-4　060
- 好きなはずがない ………… 19-2　062
- 好きな人を聞いてみた …… 26-5　096
- 頭痛で仕事ができない …… 50-3　172
- すっぴんだ ……………… 2-7　036
- すっぴんだ ……………… 5-2　040

せ

- 絶対に教えてあげない …… 19-7　062
- 絶対に知らない ………… 19-1　062
- 絶対にミスしてないはず … 19-5　062
- 先入観なしで来て ………… 49-3　170

そ

- そういう意味で言ったんじゃない
　…………………………… 23-5　090
- そういうこともよくある … 1-7　036
- そういうふうにするんじゃない
　…………………………… 23-8　090
- そういう理由で付き合ってる

　わけじゃない …………… 23-3　090
- 想像できない …………… 43-1　144
- そこで結婚する ………… 22-8　088
- そこで出会ったの？ …… 24-6　092
- そこに行く道を覚えている？
　…………………………… 30-4　104
- そこに行く道を知っている … 29-2　102
- その出来事について考えてみた
　…………………………… 34-7　112
- その話はしてない ………… 5-3　040
- その人と一緒に行ったの？ … 24-7　092
- その人の話をしてたんじゃない
　…………………………… 23-6　090
- それが言いたかった ……… 22-7　088
- それが怒った理由じゃない … 23-2　090
- それで辞めたの？ ………… 24-2　092
- それを考えていると仕事にならない
　…………………………… 50-5　172
- そんなことを言うなんて信じられない！
　…………………………… 15-5　058

た

- 大学進学、がんばってね …… 54-6　176
- タイ料理が好き ………… 35-2　136
- 高いのかな ……………… 28-1　100
- 高くはないでしょう ……… 11-7　048
- だから行かなかった ……… 22-1　088
- だから行ったわけじゃない … 23-1　090
- だから彼が怒った ………… 22-4　088
- だから買わなかったわけじゃない
　…………………………… 23-4　090
- だから行きたがっているんだ
　…………………………… 18-7　060
- だから来られなかったの？ … 24-1　092
- だから好きじゃないの？ …… 24-3　092
- だから遅刻した ………… 22-2　088

- だから遅刻したの？ ……… 24-4 092
- だから2人は別れた ……… 22-3 088
- タバコを吸う ……………… 1-6 036
- タバコをもう吸わないんじゃなかったっけ？ 44-6 144
- だれがいたか覚えてない …… 30-7 104
- だれが来ると思う？ ………… 27-6 098
- だれと行くの？ ……………… 12-10 050
- だれと行ったかは言わない … 25-8 094
- だれと付き合っている？ …… 6-13 042
- だれと付き合っているかは知りたくない 29-8 102
- だれと付き合っているかを突き止めよう 31-3 106
- だれと付き合っているんだろう？ ……… 28-6 100
- だれと付き合ってるかは考えてもわからない 32-3 108
- だれとデートすると思う？ … 27-7 098
- だれなのか教えて …………… 25-2 094
- だれに会ったと思う？ ……… 27-3 098
- だれを誘ったらいいか考えている ……… 34-3 112

ち

- 小さかったころのことを考えている ……… 34-4 112
- 遅刻しちゃうよ！ …………… 10-5 048
- 遅刻するのには慣れている … 41-8 142

つ

- 疲れているのも無理ない …… 18-2 060
- 疲れて寝た …………………… 46-1 168
- 付き合っている ……………… 4-5 040
- 付き合っている人はいる？ … 6-2 042
- 付き合っているわけじゃない ……… 17-4 060
- 月2回くらい会ってる ……… 1-5 036

て

- デート、がんばってね ……… 54-3 176
- テーブルを持ち上げて腰を痛めた ……… 53-1 174
- でかい声で話すのでウンザリしてる ……… 42-8 142
- テスト、がんばってね ……… 54-1 176
- テニスできる？ ……………… 3-3 038
- テレビがないのが好き ……… 35-6 136
- テレビを見ない ……………… 2-1 036
- 天気に恵まれた ……………… 55-3 176
- 転勤になる …………………… 10-4 048
- 電車を逃した？ ……………… 9-6 046
- 電話を返してくれない ……… 5-7 040

と

- どう言ってきそうかを考えてみた ……… 34-8 112
- どうしたいか言って ………… 25-3 094
- どうなったか覚えている …… 30-1 104
- どうやって謝ればいいか考えよう ……… 32-5 108
- どうやって帰ったか覚えてない ……… 30-5 104
- 独身生活に慣れている ……… 41-4 142
- 独身でいるのが好き ………… 35-4 136
- 「どこ行くの？」と聞いてくる ……… 26-7 096
- どこ行っちゃったの？ ……… 44-2 144
- どこから始めたらいいか… ……… 29-7 102

INDEX | **185**

- どこで遊んでいる？ ………… 3-10　038
- どこであなたを待っている？
　　　　　　　　　…………… 6-15　042
- どこで買った？ ……………… 9-12　046
- どこで食事している？ ……… 6-11　042
- どこで出会った？ …………… 9-13　046
- どこで働いている？ ………… 3-14　038
- どこでランチするの？ ……… 12-15　050
- どこにあるか知っている …… 29-1　102
- どこに行きたいか聞いて …… 26-2　096
- どこに行くと思う？ ………… 27-2　098
- どこに行くの？ ……………… 12-9　050
- どこに行った？ ……………… 9-10　046
- どこに行ったか教えて ……… 25-1　094
- どこにいるか聞いてみれば？
　　　　　　　　　…………… 26-8　096
- どこにいるか調べて ………… 31-5　106
- どこに住んでいる？ ………… 3-13　038
- どこに住んでいるか調べた … 31-2　106
- どこに連れて行くか考えている
　　　　　　　　　…………… 34-1　112
- どこに引っ越すの？ ………… 12-14　050
- どこの出身なんだろう？ …… 28-8　100
- 年を聞いて …………………… 26-1　096
- 怒鳴ったわけじゃない ……… 17-6　060
- 友だちに会う ………………… 10-2　048
- 土曜日はサーフィンしている
　　　　　　　　　…………… 1-3　036
- 努力しなかったってわけじゃない
　　　　　　　　　…………… 17-5　060
- どれくらい行ってた？ ……… 9-11　046
- どれくらい時間がかかるのかな？
　　　　　　　　　…………… 28-4　100
- どれくらい遠いのかな？ …… 28-5　100
- どれくらいよくある？ ……… 3-16　038
- どれくらいよく外食する？ … 3-12　038
- どんな車に乗っている？ …… 3-15　038

な

- 泣いているのは想像できない
　　　　　　　　　…………… 43-8　144
- 泣いているのを見た ………… 51-2　172
- 仲が悪かった ………………… 8-6　044
- なかなか航空券がとれない
　　　　　　　　　…………… 56-6　178
- なかなかタクシーがつかまらなかった
　　　　　　　　　…………… 56-4　178
- 仲良くやっている？ ………… 6-6　042
- 失くしていたらどうする？ … 21-3　068
- なぜ行きたくないか考えてみた
　　　　　　　　　…………… 34-6　112
- なぜ怒ったかがわかった …… 32-1　108
- なぜくびになったか知っている？
　　　　　　　　　…………… 29-3　102
- なぜ来なかった？ …………… 9-16　046
- なぜ来なかったか聞いて …… 26-3　096
- なぜ辞めたいかは言わなかった
　　　　　　　　　…………… 25-6　094
- なぜ別れたかわかった ……… 31-1　106
- 夏が好き ……………………… 35-1　136
- 何言ってんの？ ……………… 6-10　042
- 何が起こるかによる ………… 33-1　110
- 何か買うの？ ………………… 12-4　050
- 何買ったか当ててみて ……… 27-8　098
- 何が悪いの？ ………………… 45-1　146
- 何考えてんだ？ ……………… 6-14　042
- 何している？ ………………… 6-9　042
- 何も言わないでおこう ……… 11-2　048
- 何もしないのが好き ………… 35-5　136
- 何をあげたらいいか考えている
　　　　　　　　　…………… 34-2　112
- 何をしたと思う？ …………… 27-1　098
- 何をしなきゃいけないか調べよう
　　　　　　　　　…………… 31-4　106

- 何をするべきかがわかった … 32-2 108
- 何を飲んでいる? …………… 6-12 042
- 何歳なのかな? …………… 28-7 100
- 何時に終わるの? ………… 12-13 050
- 何時に帰るの? …………… 12-12 050
- なんで怒った? …………… 9-15 046
- なんでこんなことになっている?
  ………………………………… 6-16 042
- なんで辞めるの? ………… 12-16 050
- 何と言うかによる ………… 33-2 110
- 何と言ったらいいのか…
  ………………………………… 29-5 102

に

- 2度と会えないわけじゃない
  ………………………………… 17-8 060
- 日本語を話せる? ………… 3-5 038
- ニューヨークに住んでいた … 7-8 044

ね

- ネクタイして来て ………… 49-2 170
- 寝たときは酔っ払っていた … 46-2 168
- 寝たのが遅かった ………… 7-1 044

の

- 飲みに行かない …………… 11-3 048
- 飲みに行かないんじゃなかったの?
  ………………………………… 44-5 144
- ノルマを達成できそう? … 12-3 050
- ノルマを達成できなかった … 8-4 044
- ノルマを達成できるかどうか心配
  ………………………………… 16-8 058
- 飲んでないはずがない …… 19-4 062

は

- パーティーを楽しみにしてます
  ………………………………… 39-1 140
- 走っている姿がっこいい … 48-6 170
- 裸を見た …………………… 51-1 172
- 働かないことに慣れちゃった
  ………………………………… 41-6 142
- 働かないでいいのが楽しみ
  ………………………………… 39-6 140
- 働かないのが好きじゃない … 36-5 136
- 8時に起きた ……………… 7-4 044
- 早起きしなくていいのが楽しみ
  ………………………………… 39-5 140
- 早起きは好きじゃない …… 36-4 136
- 早く帰ってくるのがうれしい … 35-7 136
- ばれたらどうしよう! …… 21-4 068
- ばれるわけじゃない ……… 17-7 060
- 歯を磨いてないあの感じには
  耐えられない ……………… 38-6 138

ひ

- ビールのない世界は想像できない
  ………………………………… 43-2 144
- 美人なのは生まれつき …… 52-3 174
- 引っ越した ………………… 7-7 044
- 引っ越してくるのが楽しみ … 39-8 140
- ヒップホップのどこがダメなの?
  ………………………………… 45-2 146
- 人前でキスをして何が悪いの?
  ………………………………… 45-8 146
- 1人暮らし? ……………… 3-7 038

INDEX 187

ふ

- 不合格だなんて信じられない！ ……………………………… 15-6 058
- ２人が付き合っているはずがない ……………………………… 19-3 062
- 太っていて何が悪いの？ …… 45-3 146
- 冬には飽きた ……………… 42-1 142
- 冬は嫌いじゃない ………… 37-1 138

へ

- 別のことを言っていた ……… 23-7 090
- 勉強した？ ………………… 9-1 046
- 勉強しているのを見た …… 51-3 172
- 変なことを言った？ ………… 9-8 046

ほ

- 本を読むのが好き ………… 35-3 136

ま

- まだ仕事しているなんて信じられない！ ……………………………… 15-4 058
- 窓を開けっぱなしで寝た…… 46-3 168
- 間に合うかどうか心配 …… 16-6 058
- マフラーをしていてよかった ……………………………… 13-3 056
- 満員電車には耐えられない ……………………………… 38-1 138

み

- 短い髪が似合いそうだ …… 48-9 170
- 短い髪が似合う …………… 48-3 170
- 短い髪のほうが似合いそうだ ……………………………… 48-10 170
- 道に迷いそうで心配 …… 16-1 058
- 道に迷った？ ……………… 9-3 046

め

- 目が覚めたとき、どこにいるかわからなかった …………… 47-7 168
- メガネが似合う …………… 48-4 170
- メガネをかけていたほうが似合う ……………………………… 48-8 170
- めったにあることではない … 2-8 036
- 面接、がんばってね ……… 54-2 176

も

- もう耐えられない！ ……… 38-2 138
- もっと気をつければよかった ……………………………… 40-8 140
- もっと早く出会わなかったのが残念 ……………………………… 14-6 056

や

- 野菜を切っていて指を切った ……………………………… 53-4 174
- 休みがとれるかどうかによる ……………………………… 33-4 110
- 休みがとれるようにがんばって ……………………………… 54-8 176
- やり方をみんなで考えよう … 32-8 108

ゆ

- 夕飯を作ってもらえるのが好き ……………………………… 35-8 136
- 雪が降るの？ ……………… 3-8 038

- 雪は降らなかった ……… 8-8　044
- 雪降っている？ ……… 6-8　042

よ

- 予算による ……… 33-5　110
- 酔っ払っているのを見たことがない
  ……… 51-5　172
- 酔っ払って来るなよ ……… 49-4　170
- よりを戻しそうだ ……… 10-7　048
- よりを戻すことは絶対ない ……… 19-8　062

ら

- ラッキーなタイミングだったね
  ……… 55-2　176

り

- 理解できないのは無理もない
  ……… 18-3　060
- 離婚した？ ……… 9-7　046
- リストラされないでしょう ……… 11-8　048
- 料理していて手をやけどした
  ……… 53-5　174
- 料理しない ……… 2-3　036
- 料理する姿が想像できない
  ……… 43-7　144
- 料理するのがもうウンザリ ……… 42-4　142

れ

- レストランで喫煙するのが大嫌い
  ……… 38-7　138
- 列に並ぶのが大嫌い！ ……… 38-3　138
- 列に割り込むのが許せない
  ……… 38-8　138

ろ

- 六本木で働いている ……… 1-1　036

わ

- わがままなところが好きじゃない
  ……… 36-8　136
- 別れた ……… 7-5　044
- 別れたのは残念 ……… 14-5　056
- 別れたのも不思議ではない
  ……… 18-5　060
- 別れた理由による ……… 33-6　110
- 別れたんじゃなかったっけ？
  ……… 44-8　144
- 別れて後悔している ……… 40-4　140
- 別れてもいい ……… 37-4　138
- 別れることは想像できない ……… 43-4　144
- 別れるんじゃないかと心配 ……… 16-3　058
- 和食に慣れている ……… 41-1　142
- 忘れているんじゃないかと心配
  ……… 16-4　058
- 私の言うことを聞かない ……… 2-6　036
- 私のことを言っている？ ……… 6-4　042
- 私のことを避けてる ……… 4-7　040
- 私もそう思った ……… 22-5　088
- 悪い態度では来ないで ……… 49-5　170

[著者]
ニック・ウィリアムソン〈Nic Williamson〉
シドニー大学で神経心理学を専攻。同大学で3年間日本文学も勉強し、日本の文化にも明るい。在学中にオーストラリアの日本大使館が主催する全豪日本語弁論大会で優勝。日本の文部科学省の奨学金を得て、シドニー大学を卒業後、東京学芸大学に研究生として来日。
英語の講師としての14年間のキャリアの中で、英会話教室をはじめ、企業向け英語研修や大学の講義、SKYPerfect TVの番組の司会やラジオのDJ、数々の雑誌のコラムや6冊の英語本の執筆など、活動の場は幅広い。
ゼロから日本語を完璧に習得した経験と、大学で専攻していた神経心理学の知識をもとに、非常に効果的で効率的な独自の言語習得法を開発し、現在、englishLife（英会話教室・企業向け英語研修・メルマガ・アプリ）を経営。
主な著書に『たった40パターンで英会話！』『中学レベルの英単語でネイティブとサクサク話せる本［会話力編］』（以上、ダイヤモンド社）などがある。

www.englishlife.jp

中学レベルの英単語でネイティブとペラペラ話せる本

2010年3月11日　第1刷発行
2020年12月4日　第16刷発行

著　者――ニック・ウィリアムソン
発行所――ダイヤモンド社
　　　　　〒150-8409　東京都渋谷区神宮前6-12-17
　　　　　https://www.diamond.co.jp/
　　　　　電話／03・5778・7233（編集）03・5778・7240（販売）
装丁―――萩原弦一郎（デジタルデザイン室）
イラスト――大塚たかみつ
本文デザイン・DTP―玉造能之（デジタルデザイン室）
編集協力――霜村和久
製作進行――ダイヤモンド・グラフィック社
印刷・製本 ―ベクトル印刷
編集担当――髙野倉俊勝

© 2010 Nic Williamson
ISBN 978-4-478-00989-5
落丁・乱丁本はお手数ですが小社営業局宛にお送りください。送料小社負担にてお取替えいたします。但し、古書店で購入されたものについてはお取替えできません。
無断転載・複製を禁ず
Printed in Japan

◆ダイヤモンド社の本◆

「言いたいことが出てこない」病が あっという間に治ります！

英語が話せないのは、英語の基本ができていないから。この基本40パターンを覚えれば、あとはそれを使いまわすだけでOK！

たった40パターンで英会話！

ニック・ウィリアムソン[著]

●四六判並製●定価(本体1429円+税)

http://www.diamond.co.jp/